여행 속에 숨겨진 행복의 비밀

: 우연과 불확실성

권장욱 · 이훈

박영사

머
리
말

여행은 과연 사람들의 삶의 행복 증진에 기여하고 있을까?

이 저서는 이러한 물음에 응답하기 위해 2015년부터 시작되어 약 7년간 진행된 연구의 결과물이다. 여행이라는 체험의 의미와 삶의 행복에 관한 연구를 시작하면서 가장 먼저 접한 것은 인간의 행복감 지속을 방해하는 '쾌락적응'이라는 개념이었다. 그리고 '우연히도' 여행이라는 체험이 쾌락적응을 억제하여 행복감을 오랫동안 지속시킨다는 사실을 알게 되었다. 여행이 인간의 행복에 어떻게 기여하며, 왜 필요한지를 이해하게 된 순간이었다.

이후 쾌락적응을 억제하는 여행의 힘은 바로 우연과 불확실성에서 나온다는 것을 실증적으로 밝혀내기도 하였다. 행복으로부터 시작되어 우연과 불확실성의 매력에 사로잡혀 여행 체험에 관한 연구를 하나 둘 늘려가다 보니 학술지에 게재한 논문이 어느덧 8편에 이르게 되었다. 부족한 연구지만, 우연과 불확실성이 가득한 일상이 우리의 행복을 오래 지속시킨다는 연구 결과가 행복을 쫓는 현대인들에게 도움이 될 수 있다는 생각에 대중서로 읽기 쉽게 각색하여 출간하게 되었다.

행복은 인간 개체들이 추구하는 아주 자연스러운 목표이다. 그러나 안타깝게도 자원은 한정되어 있고, 사람들은 서로 남들보다 더 가지려고 하기에, 모든 사람이 다 행복해질 수는 없다. 바

로 이러한 이유로 『사피엔스』의 저자 유발 하라리는 『호모데우스』에서 행복이라는 환상을 사람들에게 심어준 인본주의 학자를 비판한 바 있다.

하지만 모두가 행복해질 수 있는 방법이 없는 것도 아니다. 제로섬 게임으로 행복을 바라보면 승자와 패자가 갈리게 되면서 누군가는 더 가져가고 누군가는 빼앗긴 상실감에 좌절하겠지만, 세상에는 제로섬 게임이 아닌 포지티브 섬 게임도 있기 때문이다. 사람들과 어울려 놀이를 하면 적어도 한판 정도는 모두가 승자가 될 수 있다. 또한 무언가에 몰입하는 진지한 여가를 하면 전문성이 쌓이면서 성장하는 느낌을 맛보게 되고, 그로 인해 행복감을 느낀다. 그러나 그 무엇보다 포지티브 섬 게임의 극치는 바로 여행일 것이다. 그리고 이러한 포지티브 섬 게임의 공통점은 바로 불확실성이다. 그리고 그 안에 새로움과 우연이 있다.

이 책은 관광이라는 분야에 대해 흥미를 갖는 학생들에게 관광을 이해하는 교재를 목표로 시작되었지만, 관광이라는 콘텐츠를 바탕으로 비즈니스를 기획하고 계신 기업체 분들에게도 인사이트를 제공할 수 있을 것이다. 또한 행복이라는 관점에서 자신의 삶을 보다 윤택하고 풍성하게 만들고 싶은 일반인 분들에게 이 책이 조금이나마 도움이 되기를 기원해 본다.

끝으로 어려운 출판 환경에도 불구하고 선뜻 출판을 결정해 주시고, 편집을 비롯한 많은 지원을 아끼지 않으신 박영사 가족 여러분들에게 깊은 감사를 드린다. 또한 지금까지 연구하는 데 있어 전폭적인 격려와 지원을 해준 한양대 행복여행센터 식구분들에게도 감사의 마음을 전하고자 한다.

권장욱·이훈

PART 4
행복한 여행 설계하기

여행을 하면
왜 기분이 좋아질까?

여행을 하면 왜 기분이 좋아질까?

1

CHAPTER 1.
사람들에게 여행은 왜 필요한가?

 무한히 반복되는 지겨운 일상으로부터의 탈출

진화심리학자들은 인간의 역사를 에너지 관리의 역사라고 말한다. 문명이 발달하기 전까지 인간은 수렵과 채집에 의존했고, 먹을 것은 항상 부족했다. 따라서 당시 인간들의 가장 큰 이슈는 식량이 떨어졌을 때 최대한 에너지를 오래 유지하면서 버티는 것이었다. 생존에 위협을 느끼는 불안한 상황이 아니라면 가능한 한 에너지를 사용하지 않았고, 특히 에너지 소모가 큰 뇌는 더욱 그러했다. 수차례의 관찰을 통해서 앞으로 닥칠 일들이 예측 가능해지면, 뇌의 전원을 절전모드로 바꾸어 뇌의 활성화를 중지하면서 에너지를 관리했다.

🏃 반복되는 일상과 에너지 절감

지금의 산업사회는 매일매일 똑같은 행동을 반복하도록 설계되어 있다. 그리고 이런 시스템을 유지하기 위해, 사람들은 초중고 정규 교육과정을 통해 철저히 사회화된다. 만일, 이런 산업 시스템에 반대를 하는 사람들이 있다면 그들은 대부분 정신병원에 수감되거나 사회 부적응자로 낙인찍히게 될 것이다. 우리는 모두 그렇게 길들여져 있다.

사회가 반복되는 구조가 되면 리스크가 최소화되며, 미래 예측이 수월하기 때문에 기업의 자본 투자가 활발해지면서 경제가 활성화된다. 이러한 구조는 사회를 안정적으로 만들었고, 물질적으로 풍요롭게 만들었다. 이렇게 안정적으로 살아가다 보니 현대인들은 뇌를 그다지 쓰지 않게 되었다. 이제는 굶어 죽을 염려가 없는 환경이 되었는데, 아니 오히려 너무 많이 먹어서 억지로 다이어트를 해야 하는 상황이 되었는데도, 우리의 뇌는 수십만 년 동안 그랬던 것처럼, 익숙해진 것에 대해서는 뇌 에너지를 사용하지 않고 절약하는 기능을 그대로 유지하고 있다.

이렇게 하루하루 비슷한 일을 반복하면서 살아가다 보니 뇌를 사용하지 않아도 되는 상황이 많아졌고, 그래서인지 현대인들은 오늘 무엇을 했는지, 지난주에 무슨 일이 있었는지 잘 기억하지 못한다. 회사의 업무라는 것도 대부분 매년 반복되는 일이다. 심지어 업무가 끝난 이후의 여가 시간에도 무엇을 했는지 기억이 잘 나지 않는다. 사람들은 대부분 야근을 하고 집에 와서는 얼마 안 되는 시간을 휴식으로 일관하고, 누워서 TV를 보거나 휴대폰으로 SNS를 하게 된다. 에너지 소비를 최소화하면서 쾌락적인 즐거움을 느낄 수 있는 활동이기 때문이다. TV나 유튜브 등에서 제공되는 콘텐츠들은 에너지를 덜 쓰고 집중을 하지 않아도 이해할 수 있도록 만들어진다. 혹시라도 소리가 잘 안 들리거나 구성이 서투른 콘텐츠를 접하게 되면, 이해하기 위해 전후 맥락을 떠올리며 에너지를 써야 하는데, TV나 유튜브에서는 그럴 일이 없도록 자막을 달아주거나 각종 참고할 이미지를 삽입하여 이해를 돕는다. 내용들도 매우 직관적이고 자극적이어서 별다른 주의를 하지 않고도 우리는 쉽게 이해하고 즐길 수 있다.

TV 시청이나 SNS 활동을 열심히 한 것만으로도 행복해질 수 있다면 굳이 이러한 현실에 대해 문제제기를 할 필요는 없다. 그러나 과연 이렇게 단조로운 반복의 연속인 삶에서 그것도 여가시간에 심리적 에너지를 거의 쓰지 않는 사람들이 행복해질 수 있을까? 안타깝게도 많은 연구에서 TV 시청이나 SNS 활동의 시간이 길어질수록 행복 수준은 하락하는 것으로 일관되게 보고되고 있다.[1]

그런데, 반복된 삶의 더 심각한 문제는 무엇보다 기억이 나지 않는다는 것이다. 기억이란 나의 정체성을 구성하는 것으로 그 기억들이 모여서 지금의 나를 이루게 된다. 그래서 치매에 걸린 환자들은 때로는 초등학생이 되었다가 청년이 되었다가 할아버지도 된다. 기억이 바뀌기 때문에 자신의 정체성도 바뀌는 것이다. 지금의 현대인들도 뭔가 엄청나게 바쁘게 살고 있는데, 돌이켜 보면 시간은 빨리 가고 기억나는 것은 없다. 마치 치매에 걸린 듯 살고 있다.

☆ 심리적 엔트로피의 탈출은 주의로부터

바로 이러한 생활 패턴에 경종을 울린 학자가 칙센트미하이(2004)[2] 교수다. 그는 행복에 관한 연구를 하던 중, 가장 큰 성취감과 보람을 느끼는 활동은 무엇인지 의문을 품었다. "지금까지 살면서 행복한 순간들은 어떤 특징이 있었을까?" 그는 이런 질문을 수도 없이 던지면서 사람들을 만나 인터뷰하고 또 연구하였다. 수십 년의 연구 끝에 그가 내린 결론은 이렇다. 사람들이 행복하다고 기억하는 순간은 항상 뭔가 의식을 하고, 집중하는 순간이었다는 것이다. 습관적으로 반복되는 행위들을 멍하게 하면서 우리는 행복하다고 말하지 않는다. '아, TV를 보는 지금 이 순간이 편안하고 감사해'라고는 하지만, '아. TV를 보는 지금 이 순간이 너무 짜릿하고 행복해 미칠 것만 같아.'라고 하지는 않기 때문이다. 그는 행복해지기 위해서 가장 기본이 되는 것은 바로 주의(attention)를 하는 것이라고 했다. 나만의 의식을 갖고 무언가에 집중해서 사고하고 판단하는 것이다.

주의란 심리적인 에너지를 쓰는 것이다. 집중을 방해하는 것들에 대해 신경을 차단하고, 목표를 이룰 때까지 집중을 계속하는 것이다. 가장 효율적으로 사고하고, 기억하고, 판단하는 환경을 갖추기 위해 에너지를 투입하는 것이다. 인간의 의식은 주의하고 집중하지 않으면 의식의 무질서 상태인 심리적 엔트로피에 빠지게 된다. 조용한 공간에 혼자 평화롭게 누워 휴식을 취하면, 처음에는 말로 표현할 수 없는 평화로움에 빠지고, 몸과 마음이 힐링되는 느낌을 받는다. 그러나 10분도 채 지나지 않아, 차츰 머리속에는 앞으로 발생할 일에 대한 걱정과 짜증이 생겨나기 시작한다. 오늘 처리했어야 했을 일이 떠오르고, 심지어 일주일 뒤에 할 일까지 막 떠오른다. 어제 회의에서 불편한 말투를 늘어놓은 동료 직원의 태도가 거슬렸다는 생각과 나를 무시한 것 같기도 한 행동에 화가 나기도 한다. 이로 인한 우리의 마음은 이미 상당한 불안과 분노, 때로는 질투와 시기에 빠지게 되며, 심지어 이러한 상태가 민감성을 더하다 보면 우울증이나 자살로 이어지기도 한다.

발생 가능한 최악의 상황을 피하기 위해서는, 무질서한 상태로 빠져드는 것을 중단시켜야 하고, 중단을 위해 가장 좋은 방법은 바로 의식을 갖고 무언가에 집중하는 것이다. 그런데 의식적 무질서에 빠지기는 쉽지만, 이로부터 빠져나오기는 쉽지 않다. 그만큼 반복되고 수동적인 인생을 사는 데 익숙해졌기 때문이다. 또 일을 하면서 너무 많은 시간과 에너지를 소모하기 때문에, 현대인들은 대부분 여가시간에 뇌를 사용하지 않으려고 한다. 대표적인 예가 바로 TV 시청이다. 2019년에 발표된 우리나라 국민들의 『국민여가 활동조사 보고서』를 보면 주요 여가활동에서 단연 1위를 차지하는 것이 바로 TV 시청이다. 1순위를 고르는 질문에서는 43.9%가 TV 시청이라고 대답했고, 5순위까지 고르는 복수응답에서는 71.4%가 TV 시청을 선택했다. 5순위 안에 들어가는 거야 그럴 수도 있겠지만, 문제는 1순위를 물었는데 거의 국민의 절반 가까이가 TV 시청으로 대답한 것은 정말 심각하다. 다양한 개성을 가진 사람들이 모여 사는 대한민국에서 일을 제외한 여가시간에 하는 활동이 똑같은 것이다.

칙센트미하이 교수는 주의를 한 상태에서 전문지식과 창의력을 발휘하여 제한된 자아감을 극복하게 되면, 스스로에게 우월감을 느끼게 되면서 행복한 상태에 빠져든다고 했다. 그리고 그는 현실적인 제약이나 한계를 극복하기 위해 무언가에 몰두한 상태를 몰입, 즉 플로우(flow)라고 정의했다. 플로우에 빠지는 시간이 많을수록 행복 수준이 높아진다고 했다. 지금까지 행복해지려면 신을 믿거나, 욕망을 버리고 중용의 자세를 견지하는 대안을 제시했지만, 칙센트미하이 교수는 무언가에 몰두하면 된다는 새로운 방법을 제시했다. 이것이 그가 수십 년간에 걸쳐 사람들을 인터뷰하고 실험하면서 내린 결론이다.

🙎 브리티시 콜롬비아 원주민의 지혜

칙센트미하이 교수가 플로우를 통해 전달하는 가르침은 산업사회가 만들어 놓은 반복의 틀에 안주하지 말고, 무언가에 관심을 갖고, 주의하고, 집중하라는 것이다. 문제는 당위적인 의지만으로 그렇게 한다는 게 쉽지 않다는 점이다. 그렇다면 자연스럽게 무언가에 관심을 갖고, 주의하고, 집중할 수 있는 상황이나 환경을 만들어 주면 될 것이다. 그렇게 만들어 주는 요인은 무엇일까?

이 질문에 대한 힌트를 주는 것이 바로 브리티시 콜롬비아 원주민의 사례다. 지금의 캐나다 서쪽에 살았던 브리티시 콜롬비아 원주민들은 수렵과 농경을 병행하던 종족으로 자원이 많이 나오는 땅인 슈스왑을 얻으면 풍요로워질 것으로 생각했던 평범한 원주민들이었다. 그런데, 이들의 삶을 들여다 보면 매우 독특한 것이 눈에 띈다. 새로운 곳으로 이주해서 땅을 경작하고 가꾸어 수확량을 조금씩 늘려나가다가 30년 정도가 지나면 윤택해진 생활 터전을 버리고 새로운 곳으로 이주해 버리는 것이다. 이러한 삶의 방식을 보면서 유럽 사람들은 도무지 이해를 할 수 없었다고 한다. 황무지와 같은 땅을 열심히 개간하여 이제 좀 누릴만한 상황이 되었는데, 그것을 모두 포기하는 것이다.

누군가에게 쫓기는 것도 아니고, 누군가가 지시한 것도 아니다. 자발적으로 이렇게 행동했던 이유는 대략 이렇다. 정착해서 30년 정도가 지나면 그 지역에서 일어나는 모든 자연현상이나 환경의 변화가 예측 가능해진다는 것이다. 삶이 너무 예측 가능해지면 일단 무료하고 권태로움에 빠지게 된다. 공동으로 극복해야 할 새로운 목표가 없어지고, 원주민 사회가 거두어 들이는 수확량은 더 이상 성장이 없는 유지의 단계에 들어선다. 개인들은 정체된 수확량의 범위 안에서 더 많은 것을 갖고 싶기 마련이다. 힘 있는 자는 더 강해지고 싶은 마음에, 자신보다 약한 사람들로부터 빼앗아 더 많은 것을 소유하고자 한다. 사람들은 자신과 남을 서로 비교하게 되고, 남들보다 더 갖기 위해 전에 없던 갈등을 일으키고, 권력다툼이 일어난다.3

새로운 도전이 없는 지루함과 권태는 소유에 대한 욕망을 싹트게 한다. 그리고 소유에 대한 만족은 남들과 비교하는 것으로부터 출발한다. 때문에, 그 과정에서 발생하는 사회적 갈등으로 인해 부족사회 전체가 무너질 수 있는 위기를 여러 번 경험했던 콜롬비아 원주민은 지루함과 권태가 없는 상황을 유지하기 위해, 가장 번영했다고 생각되는 타이밍에 부족의 터전을 과감히 새로운 황무지로 옮겼던 것이다. 어려운 상황에서 오히려 부족들은 서로 돕고, 더 나은 내일을 향해 도전했고, 조금씩 나아지는 생활환경의 변화에 흐뭇해했다. 물론 먹을 것이 부족하고 새로운 환경에서 짐승으로부터의 습격이나 홍수, 가뭄 등으로 인해 생존의 위협을 받을 리스크도 늘어나지만, 이것이 오히려 부족들을 단결시키고, 뇌를 긴장하고 활성화시켜 깨어있게 했던 것이다.

황무지에서 접하는 모든 것은 바로 새로움 그 자체다. 이 새로움이 도전을 만들고 집중하게 만들고, 서로 단결하게 한 것이다. 새로움이라는 것이 현대사회를 살고 있는 개인에게 얼마나 중요한지를 느끼게 해 주는 이야기다.

✪ 주의를 유도하는 것은 바로 새로움

1993년에 개봉한 영화 『사랑의 블랙홀』은 빌 머리와 앤디 맥도웰이 주연한 로맨틱 코미디다. 한물간 40대 기상 캐스터인 남자 주인공 필은 항상 주변 사람들에게 찡그린 표정과 냉소적인 말투로 일관하는 사람으로, 평판이 좋지 않다. 정작 본인은 자신을 알아주지 않는 이 세상에 불만이 많다. 그는 우연히 펜실베니아 펑서토니에 원치 않았던 취재를 떠났다가 2월 2일이 계속 반복되는 상황에 직면한다. 이렇게 하루하루가 무한 반복으로 계속되는 지루함을 견디지 못하는 주인공의 에피소드를 다룬 것이 이 영화의 줄거리다.

주인공이 무한 반복을 극복하기 위해 가장 먼저 시도한 일은 바로 범법행위였다. 평소라면 하지 못할, 아니 해서는 안 되는 도둑질, 탈주 같은 것들을 해보는데, 이것도 몇 번 하다 보니 이내 시들해진다. 그 다음으로는 자신의 욕망에 집착한다. 평소에 꺼려하던 콜레스트롤이 높은 단 음식들을 과도하게 먹거나, 옛 고교 동창을 유혹하여 육체적 쾌락을 탐닉하기도 한다. 그러나 이것 역시 얼마 가지 않아 질리기 시작하더니, 결국 지루함에 몸부림치다가 자살을 시도한다. 그러나 자살을 해도 결국 그 다음 날은 여지없이 전날과 똑같은 하루인 2월 2일이 반복되고 만다.

그러다가 남자 주인공인 필은 여주인공인 담당 PD와의 사랑의 가치를 느끼면서 조금씩 인생의 변화를 시도하게 되는데, 이 변화과정에서 새롭게 시작한 것이 바로 독서와 피아노, 얼음공예 (아이스카빙) 같은 것들이다. 주인공은 매일매일 이 세 가지를 반복하지만 질리지 않는다. 왜냐하면 이것들은 모두 기술적인 단계가 있기 때문이다. 오늘은 바이엘 20번을 배웠다면 내일은 21번, 모레는 22번이 기다리고 있다. 매일 같은 피아노를 치고 있지만 사실 그 내용은 매일 다르고 새로운 것이다. 바로 새로움이라는 요소와 매일 성장하고 있다는 느낌이 주인공의 뇌를 깨어나게 했다. 그리고 주인공은 주의하고 집중하면서 연습을 했고, 수월하게 해내지 못하는 부분에 대해서는 더욱 끈기 있게 몰입하면서 방법을 터득했을 것이다. 자신이 성장했다고 느낀 그 순간, 주인공은 형언할 수 없는 쾌감을 느꼈을 것이다. 그렇게 주인공은 성장하고 발전하는 자신을 느끼게 되며, 어느새 자신을 인정해 주는 주변의 시선을 느끼게 된다.

여기에 남을 위한 자비와 배려, 봉사가 더해지면서 남자 주인공은 모든 사람들이 호감을 갖는 사람으로 변모하게 되며, 매일매일이 반복되는 와중에도 그의 하루하루는 그 무엇보다 새롭고 값진 것으로 변모되고 만다. 남자 주인공이 행복해진 그 중심에는 몰입이 있었지만, 그렇게 몰입을 만든 것은 바로 새로움이었다.

우리의 일상에서 주의를 하고 집중할 수 있도록 하는 것은 새로움 - 학술적으로는 신기성(novelty)의 개념으로 연구됨 - 인데, 시간과 공간의 관점에서 새로움이 극대화된 것이 바로 여행이다. 해외여행을 가면 일단 시차부터 다르고, 하루 일정이 달라진다. 일단 회사에 가지 않아도 된다. 나의 일상과 완전히 다른 일정이 만들어진다. 공간적으로도 대부분의 여행지는 가본 적이 없

는 곳이다. 지나다니는 사람들은 피부색도 다르고, 사용하는 언어
도 다르다. 뇌가 이러한 새로움에 반응하기 시작한다. 일상에서
본 적이 없는 환경이기 때문이다. 미래가 예측이 안 되고, 자칫하
면 큰 봉변을 당할 수도 있을 리스크를 감지하면서, 뇌는 바짝 긴
장하고 많은 에너지를 뇌로 투입하면서 주의하고 집중하도록 만
든다. 새로움을 통해 우리의 뇌를 활성화하고 깨어있도록 만드는
최고의 활동은 바로 여행인 것이다.

🚶 자신이 소중하다고 가르친 이 세상의 배신 그리고 여행

여행을 통한 일탈(일상 탈출)이 현대인에게 갖는 의미는 새로
움 이외에도 다양하다. 『사피엔스』의 저자로 유명한 유발 하라리
는 『호모데우스』라는 저서에서 신랄하게 인본주의 학자들을 비판
한 적이 있다. 도대체 왜 인간 한 사람 한 사람이 소중하고 존엄
하다는 책임지지 못할 말을 했냐는 것이다. 현대인들은 교육의 권

리가 있으며 교육과정 속에서 스스로 존엄하고 가치 있는 사람이라고 믿고 자란다. 그런데, 막상 고등학교를 졸업하고, 또는 대학교를 졸업하고 사회에 나가면 자신이 그리 대단한 존재도 아니며, 주목받지 못하는 존재라는 것을 절감하게 된다. 취업도 쉽지 않지만, 취업이 되더라도 집안과 학력, 능력 면에서 남들과 비교당하며 소외되는 일이 비일비재하다. 같은 세대 간의 경쟁도 그렇지만 회사 내에서는 상사로부터 각종 업무지시와 실적에 대한 압박에 시달리는 약자의 인생이 본격적으로 시작된다.

19세기까지만 해도 인간은 다 똑같지 않았다. 신분에 차이도 있었기 때문에 이룰 수 없는 꿈을 꾸지도 않았고, 남들보다 더 잘나려고 하지도 않았다. 모든 사람이 다 잘 나고 훌륭할 수는 없는 일인데, 책임지지도 못할 환상을 심어줘서 그 상실감이 더 크다는 것이다. 사람들은 상대적으로 부족한 자신을 깨닫고 좌절한다. 따라서 내가 선택하지 않는 나의 조건이 원망스럽고, 그러한 나에게 주어지는 수많은 의무와 과업들로부터 벗어나고 싶다는 마음이 가득하다. 그럴 때 떠나는 여행은 잠시지만 사람들에게 자유를 준다. 그 어떤 것도 내가 살고 있는 일상과 같은 것이 없으니, 비로소 마음이 놓이고, 해방감을 맛보게 된다. 자신을 알아보는 사람이 아무도 없으니, 자유롭게 행동하고, 새로운 나의 모습을 상상하고 행동할 수 있다.

일탈이 여행자들의 기분을 얼마나 끌어올리는지는 위의 그래프를 보면 알 수 있다.4 2박, 3박, 4박, 5박을 여행한 사람들의 기분(mood)을 측정한 그래프에서 1일차는 상대적으로 기분이 낮게 형성된다. 일상 속에서 경험하는 스트레스와 부담감, 좌절감으로 기분이 안 좋은데, 여행을 떠나도 첫날은 일탈에 대한 실감이 잘

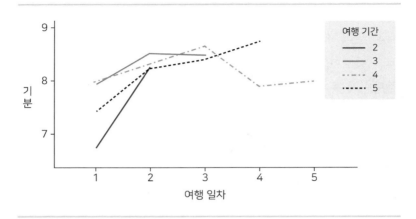

여행 기간에 따른 행복 곡선 　　　　　　　　　　　　　　　　　　　그림 1-1

되지 않기 때문이다. 그리고 마무리하지 못하고 온 업무나 과제 같은 것들이 떠오르기도 하여 마음이 썩 홀가분하지 않다. 그러나 다음 날 눈을 뜬 순간부터 기분은 급상승한다. 숙소를 나와 접하는 모든 것이 일상과 다르며, 그 속에서의 자신 역시 주인공이 된 듯 하다. 다른 사람과 더 이상 비교당하지 않아도 되며, 관광지의 직원들로부터 환대를 받으며 마치 신분 상승한 느낌에 황홀하다. 저녁에 여행지의 야경을 보며 술이라도 한잔 마신다거나, 공연이나 이벤트를 경험하면 기분은 더욱 극도로 상승할 것이다.

　　자기만 잘난 줄 알았지만 주어진 현실에 좌절하는 현대인에게 필요한 것은 바로 여행이라는 일상 탈출이다. 줄곧 마음의 상처를 받아 위축된 현대인들을 잠시만이라도 주인공으로 만들어 주는 것이다. 그 속에서 현대인들은 짧은 시간이나마 위안받으며, 일상에서 살아갈 힘을 얻는 것이다.

인생의 전환점이 되는 추억 만들기

관광이 하나의 산업으로 자리잡은 계기는 바로 여행업이라는 비즈니스 모델의 성장과 관련이 있다. 그 여행업은 1841년 설립된 토마스 쿡이라는 영국의 여행사로부터 시작되는데, 토마스 쿡을 설립한 창업자 토마스 쿡이 전도사였다는 것은 잘 알려진 사실이다. 독실한 기독교 신자였던 토마스 쿡이 여행사를 설립하게 된 이유를 파헤치다 보면, 현대인에게 여행이 왜 필요한지 알게 된다.

19세기 중반의 영국은 산업혁명으로 자본주의가 본격화되면서 경제적 부가 축적되는 등 비약적인 발전을 하고 있었지만, 사회적으로는 매우 혼란한 시기였다. 돈벌이에 눈을 뜬 지방의 영주들은 부가가치가 더 높은 목축업을 비롯한 새로운 사업으로 방향을 전환하게 되었고, 수천 년 동안 농사를 지어 먹고 살았던 평민들의 생계는 위협을 받고 있었다. 이들은 먹고 살기 위해 가족들을 이끌고 일자리가 있다는 도시로 몰려 들었고, 공장에서 열악한 환경을 견뎌내며 장시간 근로를 하던 시기가 이때다. 근로의 대가로 급여를 받았지만, 이 돈은 가장인 남자들의 음주에 주로 사용되었고, 이로 인한 가정 폭력과 빈곤이 만연해 있었다.

✈ 토마스 쿡이 꿈꿨던 여행업 비즈니스의 본질

토마스 쿡은 영국에서 일어나는 혼탁하기만 이런 모습에 개탄하고 있었다. 그는 모든 도시의 사람들이 하나님을 믿고 술을 끊고 세상이 평화로워지기를 바랐다. 그러던 중 1841년 레스터 시티에서 금주 대회가 개최되었고, 토마스 쿡은 더 많은 사람들이 이 행사에 참가하기를 바랐다. 선교활동을 하는 과정에서 많은 사람들이 금주 대회에 참가를 희망한다는 것을 알았지만, 열차 티켓이 너무 비싼 것이 문제였다. 가격을 낮추면 더 많이 올 것 같은데, 자금을 지원해 줄 수도 없는 노릇이었다. 대안을 찾던 중 한가지 아이디어가 떠올랐는데, 열차 내의 좌석을 대량으로 구매하면 열차표 가격을 대폭 할인받을 수도 있을 것이라는 생각이었다. 실제로, 열차 회사의 입장에서도 손님 없이 열차를 운행하면 적자인 상황에서, 좌석을 채워준다는 것이 나쁜 거래는 아니었기에 결국 이 교섭은 성사하게 되었다.

규모의 경제에 대한 이해가 없던 당시 상황에서 이러한 교섭을 성사시켰다는 것은 대단한 기지라고 할 수 있다. 그런데 토마스 쿡은 여기서 멈추지 않았다. 가격을 저렴하게 하여 열차표를 제공함으로써 금주 대회에 참가시키는 것 이상을 원했던 것이다. 그가 원했던 것은 금주 대회에 참여하는 이번 여행이 그 사람들의 인생에 있어 최고의 추억으로 남기를 바랐다. 그리고 나아가 그것이 참여자들의 인생에 터닝포인트가 될만한 긍정적인 변화를 일으키기를 원했다. 그래서 열차 회사와 했던 교섭의 방법을 레스터시티의 레스토랑에도 적용해 본다. 미리 유명한 레스토랑을 찾아가서 식당의 좌석을 모두 채워줄 것을 약속하고, 가격을 할인받은 것이다.

마지막으로, 한 가지를 더 추가한다. 레스터시티 기차역에 도착할 때, 브라스밴드를 동원하여 연주를 하면서 환영하는 퍼포

PART 1.

먼스를 한 것이다. 공장에서 감시받으며 장시간 근로만 하던 사람들은 누군가 자신을 소중하게 환대해 주고, 고급 레스토랑에서 맛있는 것도 먹게 해 주고, 금주 대회에서 새로운 인생을 경험하게 되니 아마도 큰 감동을 받았을 것이다. 이렇게 열차와 식사, 환대, 금주 대회를 하나의 패키지 상품으로 묶어서 저렴하게 판매했고, 참가자들로부터 큰 호응을 얻었다.

토마스 쿡은 장사를 하려고 이 일을 한 것이 아니었다. 단지 사람들에게 평생의 추억을 만들어 주고 싶었다. 그래서 그는 3년 동안 매년 570명의 손님을 금주 대회로 안내하는 이 일을 하면서 단 한 푼의 마진도 남기지 않았다고 한다. 이것을 지켜본 사람들은 토마스 쿡이 지금 하고 있는 이 사업 모델을 금주 대회가 아닌 다른 곳에서 적용해 보면 어떻겠냐고 제안하였고, 이렇게 하여 컨덕티드 투어인 패키지 여행이 공식적으로 만들어졌는데 이것이 대히트를 치기 시작했다. 그러면서 토마스 쿡은 전 세계 최고의 여행사로 성장하게 되었다.

토마스 쿡의 창업 스토리에는 기존 여행업 비즈니스가 제공했던 가치가 모두 담겨 있다. 규모의 경제에 의한 저렴한 가격 제공, 여행지의 날씨나 이동 동선 등 적시의 정보 제공, 유명 음식점에 대한 수배 제공, 여행지에서의 환대와 안내 같은 것들이다. 그러나 토마스 쿡은 이것보다는 여행 참여자들에게 평생 잊지 못할 추억을 만들고, 그 사람들에게 감동을 주어 인생의 큰 변화를 일으키는 전환점을 만들고자 했다.

여행업 비즈니스가 온라인 여행 플랫폼인 OTA에게 잠식되었다고 아우성이더니, 토마스 쿡도 결국 2019년에 부도가 났다. 염가, 정보, 수배, 안내 같은 기능들에 있어 모두 OTA와의 경쟁에서 뒤처진 것이다. 대형 OTA는 토마스 쿡보다도 더 큰 규모의 경제를 구축했고, 정보는 거의 실시간으로 주고 받을 수 있으며, 심지어 진실성 있는 정보를 가려 확인할 수도 있는 알고리즘을 갖추었다. 유명하고 매력 있는 콘텐츠에 대한 사전 예약과 결제가 가능하도록 만들었으며, 여행지에 얽힌 스토리나 관광 안내 역시 더 화려한 영상으로 소개하고 있다. 그러니 오프라인에 의존하던 여행사도 이겨내지 못한 것이다. 그러나 아직도 유일하게 OTA가 범접할 수 없는 영역이 있다. 바로 일생의 추억을 만들고자 했던 그 마음이다.

지금 생각해도 짜릿하고 여운이 남는 그런 추억을 만들어 주는 것이 바로 여행이다. 그리고 최고의 추억을 만드는 희소성 있는 여행업은 아직도 충분한 경쟁력이 있으며, 바로 이러한 핵심을 180년 전의 토마스 쿡은 꿰뚫어 본 것이다.

3 주인공이 되어 상상하는 재미

🚶 경쟁 놀이가 재미있는 이유

넷플릭스에서 화제가 된 드라마 오징어게임은 기성세대들이 어렸을 적 하던 놀이를 소재로 하여, 우리나라는 물론 전세계적인 신드롬을 일으켰다. 이 드라마에 등장하는 놀이는 '딱지치기', '무궁화꽃이 피었습니다', '줄다리기', '구슬치기', 그리고 '오징어게임'인데, 이 놀이들의 공통점은 규칙을 정해 놓고 두 편으로 갈라서 승부를 보거나, 술래를 정해서 1 대 다수로 진행하는 방식이다. 이러한 유형의 놀이를 경쟁놀이, 아곤이라고 한다.

이 경쟁놀이에 학술적인 연구를 통해 의미를 부여한 학자는 네덜란드의 사회학자 요한 호이징하(2018)[5]였다. 그가 『호모 루덴스』를 출간한 1938년은 독일의 나치가 전 유럽을 침공한 암울한 시대였다. 당시는 인간을 이성에 근거한 합리적 존재로 파악하였고, 경제라는 하부구조가 정치나 문화 등 상부구조를 결정한다는 사고가 지배하고 있었던 시기였다. 그러나 호이징하는 이러한 전제를 부정했다. 그리고 인간의 본원적 특성은 노동도 아니고 사유하며 철학하는 것도 아니며, 바로 놀이에 있다고 하였다.

당시까지만 해도, 인간이 동물과 다른 점은 문화를 갖고 있다는 점이라고 했다. 문화는 영어로 culture이고, culture는 경작한다는 cultivate에서 나온 용어이다. 따라서 인간이 농경생활을 통해 한 곳에 정착하여 다닥다닥 모여살면서 문화가 시작했다는 것이다. 그러나 호이징하는 놀이가 문화보다 훨씬 오래된 것이고 원초적이라고 하였으며, 문화 역시 놀이로부터 시작된 것이라고 주장한다.

　놀이를 통하여 유희하는 인간인 호모 루덴스는 결국 즐거움을 추구하는 것이 모든 인간 행동의 출발이며, 놀이가 이를 대변한다고 보았다. 이 가설을 증명하기 위해, 유럽은 물론, 인도, 중국, 일본, 아메리카, 폴리네시아 등 전세계의 전통 놀이를 분석했다. 그 결과 공통적으로 나타나는 특징을 발견했다. 첫째, 대립적인 공동체 구조에 기인하고 있다는 점이다. 그 속에서 사람들은 힘이나 재치, 지식이나 재산, 화려함, 자유, 고상함, 자녀의 수에서조차 1인자가 되기 위해 치열하게 경쟁한다. 경쟁을 하는 참가자들의 목표는 말할 것도 없이 승리였고, 승리를 하면 집단적으로 축하하는 박수와 칭송이 터져 나오는데 이를 받으면 명예나 존경을 받고 있다고 생각되어 쾌감을 경험하게 된다. 여기에 관중들까지 있다면 그 보상은 더욱 달콤할 것이다. 자신의 승리를 소속된 집단으로부터 인정받게 되며, 맘껏 자랑도 할 수 있기 때문이다.

　놀이에 참여하는 사람들은 경쟁에서 이기기 위해 서로 단결하는 과정에서 끈끈한 전우애가 생기기도 하고, 승리라도 하게 되면 환호성을 치면서 서로를 칭찬하기도 한다. 각 게임에서 결정적인 공을 세운 어린이에 대해서는 모두 엄지척을 보이며 칭찬을 하는데, 칭찬을 받은 어린이는 흥분되고 흐뭇한 나머지 아마도 그날 잠을 제대로 이루지 못할 것이다. 어른이 되면 비난할 일은 많지만 칭찬에는 인색해진다. 태어나서 그때만큼 강하게 마음 속에서부터 우러나오는 칭찬을 받아본 적이 없을 것이다. 이보다 더 강한 보상이 있을까?

그래서 대부분 어깨가 빠져 병원에 가고 긁히고 까이는 부상을 당해도 어린이들은 이 놀이에 필사적으로 참여하는 것이다. 지금은 이 정도로 열정을 바쳐서 놀 만한 놀이가 없다. 그러다 보니 칭찬받을 일이 부족해진다. 모든 경쟁놀이는 엘리트 체육으로 다져진 프로 선수들의 몫이 되었고, 우리들은 단지 그것을 관전하면서 대리만족을 하게 되었다. 호이징하는 이런 상황을 맹렬히 비난했다. 스스로 주인공으로 참여하지 못하는 프로화된 놀이는 진정한 놀이가 아니라고 말이다.

🚶 누구나 1등이 될 수 있는 우연놀이

그런데 경쟁놀이인 아곤은 한 가지 아쉬운 점이 있다. 천성적으로 좋은 신체적 조건을 타고나, 힘이 세거나 빠르거나 한 우월한 유전자를 가진 사람들의 이길 확률이 대단히 높다는 것이다. 좋은 신체적 조건은 열심히 노력해서 받는 것이 아니다. 타고나는 것이다. 그래서 몸집이 왜소하고 느린 사람들은 항상 지게 되어 있다. 놀이의 목표는 결국 경쟁에서 이겨서 준거집단으로부터 인정받고 칭찬받는 것인데, 매일 지게 되면 놀이도 재미없어진다. 계속 술래로 선정되어 남들을 쫓기만 하거나, 경쟁에서 지기만 하는 아이들은 울면서 집으로 가버린다.

그래서 모든 놀이에는 우연놀이인 알레아가 빠지지 않는다. 실력으로만 이기는 게 아니라 운으로 이기도록 만들어 버리는 것이다. 윷놀이, 화투, 트럼프 놀이는 실력보다는 운이 더 중요하다.

우연놀이의 강력한 매력은 돈이 많건 적건, 힘이 세건 약하건, 귀족이건 평민이건 참여하는 모든 사람은 같은 확률로 놀이에 참가할 수 있다는 점이다. 참가자는 이 놀이가 매우 공정하다고 느끼며, 자신도 1등을 할 수 있다는 점에 매력을 느낀다. 결국 사람의 마음 속에는 남들보다 주목받고 싶고, 인정받고 싶어하는 인정 욕망이 강하게 자리잡고 있다. 현실에서는 칭찬받기 어려우니 놀이를 통해서 승리하고, 칭찬받기를 바라는 것이다.

그런데, 경쟁놀이나 우연놀이도 사실 아쉬운 점이 있다. 바로 놀이하는 집단으로부터 받은 칭찬이 나의 진정한 정체성과는 거리가 있다는 점이다. 어린 시절에는 놀이로 인한 칭찬에 마냥 기뻤지만, 어른이 되고 나면, 내가 정말 존경스러워서 또는 매력 넘친다고 칭찬받은 것은 아니라는 것을 알게 된다. 그래서 어른이 될수록, 자신이 좀 더 멋진 주인공으로 생각할 수 있도록 해 줄 맥락이 필요하게 된다. 단순히 놀이만 잘해서 칭찬받기를 원하는 것이 아니라 한 인간으로서 사람들로부터 인정을 받고 싶어 하는 것이다. 그 맥락을 만드는 것이 바로 이야기다. 가상의 인물을 설정하여 그 인물이 경험할 대상이나 사건을 구체적으로 각색하여 이야기를 만든다. 그러면 사람들은 등장인물에 자신을 투영하고, 진행되는 스토리에 마음 졸이며 몰입하게 된다. 내가 한 번쯤은 되고 싶었던 멋진 인물을 상상해보는 것은 누구나 하고 싶은 일이기 때문이다.

🧍 새로운 내가 되어 보는 이야기 놀이

사람은 누구나 다른 인생을 살아보고 싶은 욕망이 있다. 지금의 나는 내가 선택한 것이 아니기 때문이다. 그렇다고 나를 완전히 바꿀 수는 없지만, 잠시 동안이라도 상상을 통해 착각에 빠지고 싶은 것이다. 그래서 아주 먼 옛날에는 동네마다 이야기꾼들이 돌아다녔고, 사람들은 그 이야기에 흠뻑 빠져 들었다. 고대 그리스 시대에는 매년 시나리오 콘테스트를 개최하여 가장 좋은 시나리오를 선정하여 그 해의 작가를 뽑았고, 선정된 희곡을 연극으로 시연했다. 이것이 바로 소설과 연극의 시작이다. 그리고 여기에 음악을 가미하여 음악극이 되었다가 영화와 드라마로 발전하게 된 것이다.

이야기놀이는 먼 옛날부터 우리 곁에 있으면서, 새로운 내가되고 싶은 욕망을 충족시켜 주었다. 드라마나 영화를 보는 순간사람들은 머리 아픈 갈등 투성이인 현실을 잠시나마 잊고 상상하며 행복해진다. 비록 드라마를 보는 순간들이 진실이 아니며 허구의 스토리라는 것을 알고 있지만, 그래도 드라마 주인공이라고 상상하면서 빠져든 그 시간들은 일상의 우리들에게 살아갈 에너지를 제공해 준다.

🧍 주인공이 되는 여행

여행은 새로운 장소에서 새로운 나를 만드는 최고의 드라마다. 일상의 나는 별 볼 일 없지만, 새로운 이 곳에서 펼쳐질 시간들은 모두 자신에게 새로운 장면들이기에 매력이 넘친다. 적어도 이 순간만큼은 나도 드라마의 주인공이라고 해도 과언이 아닌 것이다. 그리고 자신의 눈에 보이는 여행지의 건물이나 사람들을 주의 깊게 관찰하고, 의미를 부여하게 된다. 때로는 현지인들에게 말도 붙여보고, 식당에서 주문도 하면서 새로운 음식에 도전하기도 한다. 이런 도전들은 약간은 긴장되기도 하고, 뿌듯하기도 하다. 스스로가 드라마의 주인공 같고, 여행지는 드라마의 무대가 된다.

　　놀이를 통해 알 수 있는 것은, 바로 스스로가 주인공이 되고 남들로부터 부러움을 사면 재미가 생긴다는 것이다. 여행은 재미가 있어서 가는 것이다. 재미가 있는 이유는 바로 주인공이 된 새로운 나를 만나고 드라마 같은 새로운 상황 속에서 마음껏 상상할 수 있기 때문이다.

4 남들보다 뛰어나고 싶은 우월감

지금은 누구나 여행을 다니지만 사실 모든 사람들이 지금처럼 여행을 다니기 시작한 지는 얼마 되지 않았다. 심지어 부유한 사람들이 지금처럼 살던 곳을 떠나 다른 나라로 이동하여 장기간 여행을 한 것도 17세기 중반 이후부터다. 당시의 상황은 이렇다. 산업혁명으로 인해 영국은 경제적으로는 점점 윤택해졌지만, 유럽 대륙인 이탈리아나 프랑스에 대한 열등감을 갖고 있었다. 미술이나 음악과 같은 예술 분야나 건축에 있어서는 이탈리아와 격차가 너무 컸고, 귀족 문화나 음식에 있어서는 프랑스를 따라갈 수 없었다. 산업혁명이라는 시대의 변화 속에서 정치적 권력까지 거머쥐게 된 자본가들은 귀족들에 대한 열등감을 해소하기 위해 자제들을 유럽 대륙으로 유학을 보냈다. 당시에는 유명한 대학이 있던 시대도 아니어서, 가정교사로 학식이 풍부한 사람을 함께 대동하게 하여, 함께 유럽 대륙을 여행하게 함으로써 선진국의 우수한 문물을 익히도록 한 것이다. 여기에는 식사나 이동, 심부름을 하기 위해 하인들이 여러 명 따라 붙기도 했다.

이러한 패턴의 여행은 그랜드 투어라고 불리며, 17세기 중반부터 19세기까지 크게 유행하였는데, 여행은 보통 2~3년이 소요되었으며, 10년이 걸리는 경우도 있었다고 한다. 당시의 소위 돈 좀 있는 집안의 자제들은 왠만하면 대부분 그랜드 투어를 다녀왔다. 우리나라의 현실과도 비슷한 부분이 있다. 우리도 돈 좀 있는 사람들은 자제들을 해외 유학 보낸다. 그리고 해외에 다녀오면 외국 물 좀 먹었다고 과시하면서 자신의 위상을 뽐낸다. 대화할 때 영어도 좀 섞어줘야 하고 뉴욕이나 런던 같은 곳의 유행이나 생활 습관도 주제로 다루어 줘야 한다.

당시도 마찬가지다. 당시 최고의 선진국인 이탈리아와 프랑스를 경험하고 돌아오면 당연히 주변인들로부터 부러움을 샀고 주목을 받았다. 유럽 대륙에 다녀온 경험담을 이야기하는 것만으로도 사람들은 몰려왔고 귀를 귀울였다. 이에 자존감은 상승하게 된다. 게다가 현지에서 미술품도 사서 집에 걸어놓기도 하고, 각종 귀중품을 잔뜩 사서 전시하기도 했다. 그런 모습이 부러우니, 당연히 따라하고 싶어지기 마련이다. 상류층의 부모들은 자제들을 그랜드 투어를 당연하게 보냈고, 자식들 역시 스스로 보내달라고 떼를 쓰기도 했다.

🚹 토마스 쿡의 패키지 투어와 집단적 우월감

19세기 중반 토마스 쿡이 만든 패키지 투어가 인기를 모았던 것도 사실 비슷한 심리가 작용한다. 영국이 우러러 본 유럽의 국가들을 방문하면 돌아오면 당연히 이야기할 소재가 생긴다. 어른, 아이할 것 없이 우쭐해진다. 해외여행을 한 효과는 확실히 있었다. 그러다 보니 그랜드 투어와 다른 성인 계층의 여행 수요 역시 급증하기 시작한 것이다.

유럽 다음으로 인기를 끈 지역은 바로 영국의 식민지 국가였다. 엘리자베스 여왕 시절부터 스페인 함대를 격파하여 해상을 장악했던 영국은 식민지 국가 건설에 한창이었다. 인도, 호주, 뉴질

랜드, 캐나다, 아프리카 국가들에 영향력을 행사했다. 그러자 영국의 상류층 사람들은 위대한 영국이 무지한 현지인들을 교화하여 만든 식민지 건설 현장을 직접 눈으로 확인하고 싶어졌다. 아마도 영국 사람들은 이 식민지를 순회하는 패키지 여행을 하면서 '아, 우리 위대한 영국, 역시 대단해! 여왕 폐하 만세!'를 외쳤을 것이다. 사람들은 스스로 자신이 우월감을 느끼는 경우도 있지만 내가 속한 집단의 우월감을 통해 기쁨에 빠지기도 한다.

이런 현상은 우리나라를 대상으로도 일어났던 적이 있다. 역사적으로 우리나라에서 있었던 최초 외국인 인바운드 단체여행은 1905년에 있었다. 그 주인공은 바로 일본 사람들이었다. 당시 한 달이 넘었던 그 여행에 일본 사람들은 왜 우리나라를 단체로 방문했던 것일까?

당연히 예상하겠지만 당시 우리나라를 방문한 사람들은 우리나라가 좋아서 왔을 리는 없다. 1905년 시행된 이 관광 패키지 상품은 만한관광단으로 불렸는데, 여행사가 아닌 아사히신문사에서 주관한 것이었다. 조선도 아니고 한국도 아닌 만한이라는 단어가 들어간 이유는 만주와 한반도의 앞 자를 딴 것이기 때문이다. 1894년에 아시아의 최강자였던 청나라와의 청일전쟁에서 승리한 일본은 그야말로 자신감에 넘쳐 있었다. 그러다가 이 여세를 몰아 1904년에는 유럽의 최강국가였던 러시아도 러일전쟁에서 이겨 버린 것이다. 아마도 우리나라의 2002 월드컵 4강 진출과도 비교가 안 될 정도로 흥분했을 것이다.

이 자랑스러운 역사의 현장을 당연히 두 눈으로 확인하고 싶어질 것이다. 그렇게 우리나라 최초의 인바운드 단체여행은 시행되었다. 사실 영국도 마찬가지지만, 근대 관광이라는 것 자체가 제국주의 국가의 기득권자가 식민지 국가를 둘러보면서 스스로를 1등 국민이라고 자부심을 다지게 되는 심리에서 출발하였다고 한다. 일본인들은 자신들이 건축한 부산역에서 탑승하여 자신들이 깔아놓은 철도를 타고 서울로 가서 자신들이 사실상 점령한 수도 서울을 관람하며 감격해 했고, 평양으로 이동하여 청일전쟁의 격전지였던 평양성에서 전쟁 당시의 긴장된 상황을 목격할 수 있었고, 당시의 무용담을 안내원으로부터 전해 들으면서 또 흥분했다. 마지막에는 만주를 지나 요동반도 쪽에서 러일전쟁 당시의 현장을 견학하며 또 한번 감격했을 것이다.

만한유람단 이후 일제강점기와 함께 본격적으로 일본인들의 조선 관광이 시작되었는데, 당시에 경성에서 가장 인기 있었던 8대 관광지는 남대문, 경성역, 조선총독부, 용산역, 식물원, 남산공원, 조선신궁, 조선은행이었다고 한다. 우리나라의 역사와 관련된 곳은 없고, 철저히 방문자들의 관심이 있는 곳으로만 구성되어 있다. 남대문은 가토 기요마사가 임진왜란 당시 서울로 입성하여 접수했던 의미가 있는 관문이었고, 경성역은 동경역을 설계한 독일 사람이 디자인했는데 그 외관은 거의 비슷하면서도 조금 작게 만들어져 있으니, 경성역을 보면서 조선을 지배했다는 긍지를 느꼈을 것이다. 그 외에 일본인들이 현대 기술로 만든 식물원을 보

면서 뿌듯해 하고, 지금 남산의 도서관 자리에 있었던 조선 신궁도 들렀다. 자신들의 뛰어난 건축기술을 마음껏 뽐낸 조선총독부(해방 후 중앙청으로 사용)나 지금의 한국은행으로 보존되고 있는 조선은행 건물도 인기가 있었다고 한다.

우리나라의 입장에서는 안타깝고 화가 날만한 일이지만, 여행에서 이런 심리는 매우 일반적인 것이다. 정작 우리나라 사람들도 크게 다르지 않다. 동남아시아의 도시에 여행을 가서, 현지인들이 한류 드라마나 K-pop을 좋아하면 나도 모르게 뿌듯하다. 한국 기업이 지은 대형 백화점이나 호텔 건물을 보며 감탄하고, 현지인들이 한국말을 더듬거리며 좋아하는 연예인을 말하면, 마치 내가 연예인이 된 것 같은 착각에 빠져들곤 한다.

일본에 가서도 마찬가지다. 한류 붐이 일어나기 전, 한국 사람들이 많이 찾는 장소로 나라현의 법륭사가 있었다. 법륭사에는 고구려 담징 스님이 그렸다는 금당벽화가 있기 때문이다. 아마도 마음 속으로는 과거 삼국시대의 더 훌륭했던 우리나라를 떠올리며 두 눈을 지긋이 감고 그 기분을 즐기고 있었을 것이다. 지금은 일본에서 확산된 한류의 붐의 현장을 확인하며 집단적 자긍심과 우월감을 맘껏 즐기며 뿌듯해 할 것이다.

여행에는 이러한 속성이 강하다. 그래서 일단 사진을 이쁘게 찍어야 하고, 남들이 잘 모르는 대박 여행지에서 색다른 경험을 한 장면을 인스타그래머블하게 찍어 SNS에 올려야 한다. 그 사진을 확인한 팔로워들로부터 부럽다는 댓글이 달려야 한다. 댓글들을 확인하면서 뿌듯함을 느끼면 여행을 다녀온 미션은 클리어된다. 그래서 아무리 멋진 경관이나 체험도 사진이 제대로 안 나오면 그 기쁨은 반감되고 만다.

다시 여행할 수 있을까

이훈 한양대 관광학부 교수

휴대폰에 간직된 추억의 여행 사진을 보는 것이 유행이 됐다. 멈춰진 이동은 한정된 공간 속에 우리를 갇혀있게 하고 일상을 갑갑하게 만들고 있다. 멋진 경관과 새로운 문화를 만나기 위해 세상을 여행하던 기억이 점점 까마득해진다. 여행 사진을 다시 감상하는 것은 닫힌 가슴에 작은 추억이라도 적셔보려는 시도이다.

인류의 역사는 여행의 역사다. 『총, 균, 쇠』의 저자 재레드 다이아몬드는 인류가 500만~600만 년 전에는 아프리카에 국한돼 있었다고 한다. 그 지역을 벗어난 이동의 증거는 100만 년 전으로 추정되고 있다. 실제 여행과 가까운 개념은 '순례'에서 시작된다고 보고 있다. 혜초의 『왕오천축국전』이나 유럽의 성지순례는 종교뿐만 아니라 지식과 문화를 학습하는 여행이기도 했다. 현대적 의미의 관광은 토머스 쿡이 1841년 철도를 이용해 영국의 레스터에서 러프버러까지 왕복 여행을 하는 상업적인 여행을 만들면서 시작했다. 1855년에는 파리 만국박람회를 계기로 해외까지 가는 단체여행이 기획돼 낮은 여행비로도 교통, 숙소, 음식을 제공하고 외국어를 잘 못하는 사람도 여행할 수 있게 됐다.

사람들은 왜 여행을 하려고 할까?

파스칼은 "인간이 겪는 모든 불행의 원천은 지루함"이라고 평했다. 러셀은 지루함을 '사건이 일어나기를 바라는 마음이 좌절된 상황'이라고 묘사했다. 여기에서 사건은 어제와 오늘을 구별해 주는 것이다. 즉, 지루함은 변화없는 일상이 반복되는 것을 의미한다. 그런 면에서 여행은 일상 공간을 벗어나 변화를 체험함으로써 지루함을 극복하게 만드는 적극적 행동이다. 여행은 우연하고 즉흥적이며 기대하지 않던 새로운 환경, 문화, 사람을 체험할 수 있게 해 인간에게 행복을 준다.

지금은 사실상 여행이 멈춘 상태다.

한국관광공사 통계에 따르면 2020년 출국한 한국인이나 국내를 방문한 외래객은 약 85% 이상 감소했다. 시련을 겪는 관광산업을 위해 정부도 대출, 세금 감면, 고용유지 등 여러 지원 정책을 내놓고 있다. 이번 위기에는 지자체가 앞서서 관광산업 지원에 나서고 있다. 특히 서울시의 경우 작년에 이어 올해도 관광업계에 위기 극복 자금을 적극 지원하고 있다. 예컨대 산업 네트워크와 스타트업 육성을 위한 관광플라자 공간 개설 등 관광 재도약 종합계획을 실행하고 있다. 부산과 경기 등 다른 지역들 역시 관광산업 생태계를 유지하기 위한 여러 지원 대책을 마련 중이다. 그럼에도 불구하고 전문가들은 세계여행이 정점으로 치닫던 2019년 수준으로 회복되려면 2023년은 돼야 가능할 것이라고 전망하고 있다. 그전까지는 대안으로 방역을 철저히 하며 안전하게 국내여행을 시작하는 방안이 있다.

실제로 CNN과 에어비엔비가 서울과 부산 등을 여행해야 할 세계 10대 도시로 여러 번 선정할 만큼 국내 관광도 매력적이다. 해외여행은 방역이 잘된 국가 간 관광교류를 상호 인정하는 '트레블버블' 방식이나 올 하반기부터 시도될 것으로 보이는 백신 여권을 통해 격리 기간을 해제하면서 점차 시작될 것으로 보인다.

우리는 다시 여행하게 될 것이다. 억눌린 여행 욕구는 여건만 좋아지면 바로 떠나게 만들 것이다. 다만 다시 여행이 재개될 때 여행을 받쳐주는 관광산업 생태계가 살아 있어야 한다.

관광시스템 중 교통, 숙박, 음식, 관광자원, 서비스 하나만 붕괴된다면 여행활동은 어려워진다. 따라서 어려운 시기를 견디고 있는 관광산업과 전문 인력이 버틸 수 있도록 정부와 국회는 과감하게 지원할 필요가 있다.

지난 추억의 여행 사진을 보는 것이 아니라 가방을 싸고 훌쩍 떠나는 진짜 여행을 하고 싶다.

CHAPTER 2.

감정은 왜 생기는 걸까?

여행을 하는 이유는 결국 기분이 좋아지기 때문이다. 그런데, 이렇게 좋다는 감정은 왜 생기는 것일까? 그 원리를 이해한다면 우리의 일상 속의 여가나 여행을 보다 가치 있게 설계할 수 있을 것이다. 이에 2장에서는 감정이 생기는 이유를 심도 깊게 다루어 보고자 한다.

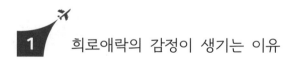

희로애락의 감정이 생기는 이유

쾌락에 대한 고찰

프로이트(2014)[6]는 인간의 정신을 원자아(이드), 자아(에고), 초자아(슈퍼에고)로 분류하면서, 이중 원자아는 쾌락을 추구하며 불쾌나 고통을 회피한다고 하였다. 다시 말해, 인간은 본능적으로

• 이번 장은 2016년 관광학연구에 게재된 논문 『여행자의 행복감은 어떻게 지속되는가? -쾌락적응의 관점에서 본 여행의 의미-』의 내용을 이해하기 쉽게 각색함

쾌락을 느끼기 위해 욕망을 충족시키고자 필사적으로 행동하는 동시에, 불쾌를 유발하는 과도한 긴장을 제거하는 방향으로 행동한다. 그러나 인간이 항상 쾌락원리에 의해 행동하는 것은 아니며, 자아나 초자아를 통해 현실과 타협하거나 스스로를 통제하기도 한다. 프로이트가 주목했던 영역은 바로 자아와 초자아로서 인간의 정신세계에는 쾌락원리를 넘어선 무언가가 있다고 하였다.

이처럼 쾌락원리는 인간뿐만 아니라 동물에게서도 공통적으로 나타나는 원리이기 때문에, 20세기에는 인간의 특징을 설명하는 데 있어 그다지 깊이 거론되지 않았다. 우리나라에서도 도리를 모르는 무뢰배들을 가리켜 '짐승 같은 놈', '천벌 받을 놈'이라고 표현했다. 이렇게 욕망을 통제하지 못하는 사람들과는 절대 어울려서는 안 된다고 강조했다. 이러한 경향은 동서를 막론하고 비슷하게 나타난다. 예를 들어, 아리스토텔레스도 행복을 얻기 위해서는 쾌락을 다스리는 교육이 필요하다고 하였다. 평소 명상적 사유를 통해 욕망을 통제하면서 진정한 삶의 의미를 깨달아야만 비로소 행복을 맛볼 수 있다고 하였다.

심지어 쾌락주의 철학자로 널리 알려져 있는 에피쿠로스(1998)[7]도 육체적 욕망이 채워지면 결핍으로 인한 고통이 제거되면서 잠시 쾌락이 발생하지만, 그 쾌락은 더 이상 지속되지도 증가하지도 않는 한계가 있다고 하였다. 예를 들어 어떤 사람이 밥을 먹는다면 음식이 목구멍을 넘어 위에 도달하는 그 순간 엄청난 쾌락이 발생하지만, 추가로 음식이 입에 들어갈수록 단위별 쾌락은 점점 줄어들면서 제로가 된다는 것이다. 그래서 그는 밥을 먹을 때도 최고의 쾌락을 느끼기 위해 아주 조금만 먹었다고 한다. 그런데 배가 고파서 밥을 먹는 경우도 있지만, 자신의 부를 과시하기 위해 밥을 초호화 레스토랑에서 먹는 경우도 있다. 아름다운 음악과 화려한 조명 속에서 품격 있는 서비스를 받으며 밥을 먹게 되면 정신적인 욕망도 충족될 것이다. 현대인들이라면 당연히 후자에서 더 큰 쾌락을 느낀다고 하겠지만, 에피쿠로스는 오히려 정신적 욕망에 대해서는 부정적인 입장을 취했다. 몇 번 반복하다 보면 그새 질려서 행복이 느껴지지 않는다고 하였다. 따라서 진정한 정신적 쾌락은 인간의 욕망을 정확히 이해하여야 달성할 수 있으며, 정신적인 자유와 통찰을 통해 욕망으로부터 마음의 동요가 없는 상태인 아타락시아(ataraxia)를 행복에 이르는 이상적인 상태로 보았다. 참 이상한 일은, 동시대의 금욕주의를 추구한 스토아 학파는 부패와 향락으로 귀결된 반면, 정반대의 입장을 취했던 쾌락주의, 에피쿠로스 학파는 오히려 금욕주의가 된 것은 참 아이러니한 일이다. 이후에도 뒤르켐 등 칸트의 영향을 받은 다수의 근대 철학자들은 욕망이란 결코 충족될 수 없으며 인간은 자신의 욕망이 통제된다는 사실을 인지하고 나서야 비로소 만족이라는 쾌락의 상태에 이를 수 있다고 하였다.

🧘 쾌락은 나쁜 것일까?

이에 반해 진화심리학자들은 쾌락에 대해 다른 의견을 제시하고 있다. 오히려 쾌락이라는 감정에 큰 의미 부여를 한다. 최초에 인간의 뇌 안에 신경 시스템이 만들어지면서 감정이라는 것이 생겨났는데, 인간이 이 세상을 지배하게 된 가장 큰 이유가 바로 이 쾌락 즉 감정 때문이라는 것이다.[8]

그들의 논리는 이렇다. 예를 들어, 선사시대의 원시인을 상상해 보자. 이 원시인은 며칠 동안 밥을 먹지 못해 배가 고파 고통을 호소하고 있다. 먹이를 찾아 나선지 이틀만에 조그만 짐승을 잡아 가죽을 벗기고 불을 피워 고기를 입에 넣었다. 순간 엄청난 쾌감을 맛보게 된다. 이 원시인은 왜 배가 고프면 고통스러워지고, 고기를 먹으면 왜 쾌감을 맛보는 걸까. 배고픔이라는 상황이 자신의 생명을 앗아갈 수 있었기에 우리의 몸에서는 고통이라는 일종의 처벌의 신호를 보내 먹이를 찾아나서도록 유도했다는 것이다. 또한 몸 안으로 영양분이 공급되면서 우리의 생명이 더 보전될 수 있게 되면서 우리의 몸은 쾌감이라는 감정을 보내주면서 보상을 준다. 이후 다시 배고픈 상황이 닥치면 원시인은 그때 맛있게 먹었던 고기를 먹은 후의 포만감을 그리워하면서 더 악착같이 사냥에 나서게 될 것이다.[9]

감정은 일종의 보상과 처벌의 기능을 하면서 인간의 생존을 위한 행동을 유도해냈으며, 이로 인해 인간이라는 종족의 번식을 이끌어 냈다. 양서류나 파충류, 그리고 하등 척추동물은 쾌락과 불쾌를 느끼지 못한다고 한다. 그래서 그만큼 환경의 변화나 위협적인 상황에 대한 인지가 무딜 수밖에 없다. 반면, 인간의 감정 시스템은 매우 정교하며, 긴 역사를 통해 사회적 상호작용을 거쳐서 더욱 정교화되면서, 인간에게 유용한 보상 또는 처벌로서의 기능을 수행한 것이다.[10]

물리학자인 미치오 가쿠(2015)[11]도 감정의 중요성을 강조하는 학자로 유명하다. 그는 저서인 『마음의 미래』에서 인간의 경우 현재 또는 미래의 자신의 상태에 긍정적인 신호를 주는 정보를 접하면 쾌락중추가 반응하여 쾌락을 느끼고, 그렇지 않을 경우 안

와전두피질에서 위험신호가 발산되면서 긴장하고 불안을 느끼게 설계되어 있다고 했다. 인간은 현재와 미래의 생존과 번식이 보장되는 상황 속에서는 쾌락이라는 좋은 감정을 경험한다. 생존과 번식이 보장되는 상황이라는 것은 결국 각 유전자가 속해 있는 생명체가 강해지는 상황이며, 이 쾌락은 강렬한 욕망을 수반하게 된다.

　　스피노자는 이 같은 욕망을 '코나투스'라 칭했는데, 어떤 개체 안에 존재하는 자기 보존의 무의식적 의지나 욕망이라고 정의하였다. 이 욕망이야말로 생명체의 본질로서 이것이 없으면 사물도 존재할 수 없다고 하였다. 이 코나투스는 감정을 유발하는데, 코나투스가 실현되어 자기 스스로가 더 커질 때의 느낌이 기쁨이고, 그것이 방해를 받아 자기가 더 작아질 때의 느낌이 슬픔이다. 그러므로 인간들은 자신을 지지하는 타자와는 기쁘게 연대하려고 하고, 자신에게 슬픔을 주는 타자에게는 분노하는 감정으로 저항한다. 남녀 관계, 정치인과 민중, 종교와 인간의 관계도 결국 이러한 관점에서 설명이 가능하다.

　　정리하자면, 쾌락은 인간의 생존이 보장되고 발전하는 상황에 대한 긍정적 신호이며, 그러한 상황을 만들기 위해 몸에서 자연스럽게 발생하는 욕망과 직결되어 있다는 것이다. 즉 욕망을 실현하여 더 나은 상황이 되면 쾌락이 발생하는 구조가 인간의 번영을 만들었다는 것을 진화심리학자들은 강조하고 있는 것이다.

2 자기보존에 대한 의지와 인간의 욕망

이처럼 쾌락은 인간 행동의 동기를 설명하는 중요한 요인이며, 자기보존의 극대화를 위한 강렬한 욕망과 연계되어 있다. 이러한 욕망은 다양한 형태로 나타나는데, 미치오 가쿠는 시공간 의식이론에 근거하여 가장 강렬하게 나타나는 욕망은 생존과 번식, 사회적 관계, 그리고 미래예측에 관한 욕망이라고 하였다.

🧘 생존에 대한 욕망

아담 스미스(2016)[12]는 『도덕감정론』에서 인간의 육체에서 기원하는 격정 중 가장 강력한 것은 식욕과 성욕이라고 한 바 있다. 자기 보존을 위해 가장 필수적인 것은 지금 당장의 생존이며, 생존을 위해서는 무엇보다 단백질과 탄수화물과 같은 영양분을 꾸준히 섭취해야 하기 때문에, 식욕은 인간에게 있어 가장 강렬한 욕망이며, 이 욕망을 충족시키기 위해 몸은 자연스럽게 움직인다.

여러 가지 영양분 중에서 가장 중요한 것은 역시 단백질이다. 단백질을 섭취하게 되면 근육을 만들어 몸집을 키울 수 있다. 약육강식의 정글 속에서 살아남기 위해서는 무엇보다 몸집이 커야 하며, 근육이 있어야 타격을 줄 수 있다. 단백질을 가장 많이 섭취할 수 있는 음식은 바로 고기다. 맛있는 고기를 먹게 되면 입에서 살살 녹는다고 표현하는데, 고기에서는 단맛이 난다고 한다.

향신료가 없었던 원시시대에 가장 달콤한 맛을 맛볼 수 있는 대상은 고기였고, 단맛은 우리 인간이 가장 좋아하는 맛이다. 맛과 관련된 우리의 감정 구조도 단백질을 많이 섭취하면 쾌감이라는 보상을 제공하여 하루 빨리 몸집을 키우기를 유도하고 있는 것이다. 이러한 성향은 어른보다 아이들에게서 더 심하게 나타난다. 어린 아이들이 초코렛이나 사탕에 열광하는 이유는 바로 원시시대부터 단맛이 나는 고기의 단백질을 하루 빨리 섭취하여 몸집을 키워 생존 확률을 높이고자 했던 절실함이 있었던 것이다. 맛에는 단맛, 짠맛, 쓴맛, 신맛이 기본인데, 맛으로부터 느껴지는 쾌감을 측정해 보면 압도적으로 단맛이 높게 나타난다. 재미있는 사실은 짠맛이나 신맛, 쓴맛의 경우 계속해서 반복하여 시식하게 되면 쾌감이 급격히 줄어들고 심지어 고통을 느끼게 되는데, 단맛에 대해서는 반복해서 시식하더라도 쾌감이 거의 줄어들지 않는다는 점이다. 얼마나 인간의 감정 시스템이 생존에 맞게 설계되었는지를 알려주는 중요한 대목이다.[13]

✿ 번식에 대한 욕망

그 다음으로 강한 욕구는 번식욕이다. 생명체는 영양분 섭취를 통해 자기 보존을 지속하고 자신의 능력을 강하게 키워 생존 가능성을 높이려고 하는데, 시간이 지나면 죽음이라는 운명을 피할 수 없다. 생명체가 필연적으로 자신이 죽음을 피할 수 없다는 사실을 인정하게 되면, 죽음을 피하기 위한 필사의 노력을 하게 된다. 그러나 늙고 신체기능이 쇠퇴하면서 찾아오는 죽음 앞에서는 어쩔 수 없다는 것을 경험을 통해서 인지한다.

그래서 단세포동물과 같은 생명체는 영생을 위한 대안으로서 자신의 유전자를 복제하여 남겨두고자 한다. 세포분열을 하거나 스스로 암수를 갖고 번식하는 경우다. 그러나 세포분열의 경우에는 조직이 분화되면서 비이상적인 세포를 양산하기 쉽고, 스스로 암수를 갖는 경우는 유전자가 다양성을 담보하지 못해 환경변화에 적응하지 못하는 단점이 있다. 대표적인 것이 감자와 고구마다. 이 두 농작물은 모두 구황작물이라고 불린다. 비록 쌀이나 보리에 비해 칼로리는 낮지만 그래도 비교적 쉽게 재배가 가능하여 토지가 비옥하지 않은 많은 국가에서 주식량으로 사용되었다. 그런데 감자라는 식량은 치명적인 문제를 갖고 있었다. 모든 감자의 유전자 구조가 서로 너무 비슷하다는 것이다. 우리 인간만 하더라도 같은 부모에게서 태어났어도 형제 간에도 성향과 생김새가 완전히 다른 경우가 많다. 그런데 감자는 그 넓은 들판에서 자라나는 수만 개의 감자들이 유전적으로 비슷하다. 만일 병충해가 들이닥치게 되면, 일부 감자만 죽는 것이 아니라 해당 토지의 감자는 모두 몰살된다. 그 유명한 아일랜드의 감자 기근이 바로 이런 원리이다. 이 기근 때문에 많은 아일랜드 사람들이 미국으로 이주하는 역사적 변화를 가져온 것이다.

반면 고구마는 비슷해 보이지만 유전적으로 다양성을 갖고 있기 때문에 병충해가 발생해도 일부 고구마들은 병충해를 이겨낸다. 그 해 농사는 망쳤지만 그 다음 해에는 병충해를 이겨낸 종자들을 중심으로 재배하면 그래도 버틸 수 있는 것이다.

이 같은 이유로 다세포생물은 종족 보존에 있어 단순복제 방식이 아닌 다른 방식을 택했다. 자신의 50%의 유전자와 성별이 다른 타자의 50%의 유전자를 합성하여 번식을 하는 방식이다. 내 유전자 100%를 후세에 넘길 수 있다면 좋겠지만 이 경우 살아남은 내 후손의 살아남을 확률이 희박하기 때문에, 내 유전자의 50%를 포기하면서 대신 더 많은 후손을 낳아 그들의 생존확률을 높이고 개체수를 확대하는 것이다. 나의 유전자를 물려 받은 후손이 점점 더 개체수가 증가하는 것으로 영생을 대신한다.

　　동물들은 일정 시기가 지나면 발정기가 찾아오고, 이 때는 성욕이 극대화되면서 감정을 추스르지 못해 괴상한 소리를 지르는 등 짝짓기를 하지 못하는 동물은 욕망의 불충족에서 오는 고통에 시달리게 된다. 동물들이 특정 시기에 발정기를 겪고 나면 이후 새끼들을 양육하면서 발정기가 다시 찾아오지 않는데 비해 인간은 동물 정도 수준의 극심한 발정기는 없지만 지속적으로 이성에 끌리는 특징이 있다. 동물들 중에서 특별히 몸집이 크지도 않고 근육이 발달하지도 않으며 빠르지도 않은 애매한 육체를 갖고 있는 인간은 생존 확률이 낮기 때문에 그만큼 더 많은 후손을 낳아야 하기 때문이다. 신체가 튼튼하고 리더십이 있는 남성의 유전자를 통해 후손을 낳으면 그 후손의 생존 확률이 높아지니 이러한 남성을 만나면 흥분하면서 더 이끌리게 된다. 반대로 여성은 외모상 균형미가 잘 갖춰지고 엉덩이가 크면 후손을 잘 출산하고 집단 내에서 존중받게 되면서 생존 확률이 높아지므로 이러한 여성을 만나면 역시 가슴이 뛰고 결혼을 하고 싶어지는 것이다.

　　진화심리학자들은 사람들이 이성에 호기심을 느끼고 만나고자 하는 모든 행동은 결국 이성을 통해 번식을 위한 성욕이 강하게 자리잡고 있다고 설명한다. 만일 이렇게 이성에 대한 성욕을 느끼지 않는 개체가 있었다면 후손을 남기지 못한 채 죽었을 것이다. 우리의 선조들은 이성에 대한 성욕을 강하게 느끼는 사람들이었고, 우리는 그들의 후손이기 때문에 성욕을 정상적으로 느끼며 살고 있으며, 무의식 중에 이성과의 만남에 호감을 느끼게 된다. 번식을 위한 이성과의 만남, 교제는 강한 쾌락을 기대하게 만들며 내재적 동기가 강하게 나타난다. 반면 이성과의 다툼, 이별에는 강렬한 슬픔이 수반되며, 이성 교제가 어려운 개체에게는 소외감이나 무력감이 나타난다.

✈ 사회적 관계에 대한 욕망

인간이라는 동물은 신체 구조상으로 볼 때, 몸집이 그리 크지도 않고, 빨리 먹이를 쫓을만한 스피드도 없었기 때문에, 유일하게 생존의 확률을 높이는 방법은 집단을 형성해서 협동하는 것이었다. 따라서 인간에게 집단이란 자신의 생명을 유지시켜 주는 구세주와 같은 존재였다. 그러한 집단에서 외면을 당한다는 것은 곧 죽음을 의미했다. 당장 우리가 혼자서 정글 숲에 뚝 떨어진다고 상상해 보자. 아마도 며칠을 버티지 못하고 짐승들의 먹잇감이 되어 있을 것이다. 그렇기 때문에 인간은 필사적으로 집단으로부터 인정을 받고자 노력해 왔다. 또한 집단 내에서 자신이 어느 정도 위치에 있는지를 끊임없이 확인하면서 자신의 위치를 공고히하고자 했다.

만일 사회적 존재로서 인정을 받지 못하는 상황이 닥치면 부정적인 감정이 일어나 경고를 하고 변화를 촉구했다. 따라서 사회적 관계 속에서 발생하는 외로움, 배신감, 이별의 아픔, 인간관계에 금이 가는 신호를 보일 때 뇌는 이런 마음의 아픔을 느끼도록 했고, 그 덕분에 더 치명적인 고립을 미연에 방지할 수 있었다. 또한 평소 타인과 동맹을 맺고, 적을 고립시키고, 친분을 돈독히 하려고 본능적으로 노력하게 되며, 실제로 이러한 능력이 있는 사람은 그렇지 않은 사람보다 생존확률이 훨씬 높았다고 한다.

우리들 역시 이러한 선조들의 후예이기 때문에 그 누구보다도 다른 사람들의 감정과 의도에 민감성을 갖게 되었다. 사실 사회적 관계와 관련된 인간의 감정은 매우 섬세하다. 데이빗 프리맥(2010)이 제안한 마음이론(theory of mind)에 따르면, 인간은 살아남기 위하여 집단 속의 다른 사람들의 의도와 감정을 파악하는 능력을 지속적으로 키워 왔으며 그런 노력의 결과로 인간의 뇌가 발달해 왔다고 주장했다. 수십년 간의 세월을 통해 진화되어 온 사회적 관계를 파악하는 인간의 뇌는 너무나 복잡해서 인공지능(AI)으로도 구현이 어렵다고 한다. 인공지능도 사람이 사회적 관계에서 느끼는 너무나 섬세하고 정교한 뉘앙스를 전부 알아내지 못하기 때문이다. 대화 중에도 말끝을 올리거나, 흐리거나, 한 음절을 생략하거나, 어딘가를 쳐다본다거나 하는 상대방의 미묘한 몸짓에 우리는 분노하기도 하고, 기뻐하기도 한다.[14]

사회적 욕망은 인간을 들었다 놨다 한다. 식욕과 성욕이 강도가 강한 것이라면, 사회적 욕망은 너무나 섬세하다. 섬세한 만큼 인간의 감정에도 가장 많은 영향을 미치고 있다.

♣ 미래의 자기보존에 관한 상상의 욕망

　사회적 관계의 형성은 인간의 자기보존 극대화에 큰 영향을 미치는 중요한 요소이지만, 이는 일부 포유류에게도 나타나는 특징이다. 미치오 가쿠는 이에 반해 여타 동물과 완전히 차별화되는 뇌 기능은 바로 인간이 미래를 예측하는 것이라고 하였다. 인간의 미래예측은 두뇌에 있는 감각과 감정의 방대한 데이터 간의 인과관계를 파악하고 이를 통해 미래에 일어날 시뮬레이션하면서 이루어진다. 사람과 사건에 관한 과거의 기억을 분석하고, 인과의 나무로부터 다양한 인과관계를 조합하여 미래를 시뮬레이션 한다. 사회적 관계에 있어서도 상대방이 한 무의미한 행동에 대해서도 미래의 나에게 어떠한 영향을 줄 것인지에 대해 끊임없이 걱정하고 고민하면서 불안해하는 것이 인간이다. 갖은 인과관계조합을 통해 미래에 별다른 문제가 없다는 사실을 확신하고 나면, 또 다른 불안요소는 없는지 찾아내고자 하는 것이 인간이 자연과 싸우면서 종족을 보전하고 살아남은 노하우였다는 것이다.

　상상의 욕망이란 더 멋진 자신의 미래의 꿈꾸고 싶어하는 욕망이다. 따라서 사람은 적당히 상상할 수 있는 환경을 만들어주면 자신의 장기인 상상을 마음껏 하게 된다. 예를 들어 디즈니랜드를 가정해 보자. 그곳은 화려한 궁전과 놀이기구들이 넘쳐나는 꿈의 공간이지만 적어도 어른이라면 그곳이 실제의 리얼월드가 아니라 가상의 거짓 공간이라는 것쯤은 잘 알고 있다. 그러나 막상 어른들을 그곳에 데려다 놓으면 오히려 어린이들보다 더 몰입하여 놀고 있는 모습을 접하게 된다. 그들은 끊임없이 일을 해야 하고 돈을 벌어야 하며 남들과의 경쟁에서 이겨야 하는 이 현실 속에서 가장 일탈하고 싶은 계층이다. 어릴 적 추억을 회상하며 마음껏 상상에 빠져든다. 거짓인 줄 잘 알고 있지만, 잠시 이 착각을 즐기고 싶다. 이것이 바로 상상의 매력이다. 우리가 드라마나 영화를 보면서 잠시 힘든 현실을 잊을 수 있는 것도 상상을 통해 더 나은 나의 모습을 그려보았기 때문이다. 이렇듯 상상은 인간에게 가상의 세계에서 행복할 수 있는 힘을 준다.

3 쾌락과 욕망, 그리고 선과 악

선은 욕망을 통제하는 것?

로마의 콘스탄티누스 1세가 기독교를 공인하고 난 뒤부터 기독교 사상이 전 유럽을 지배하면서 중세시대까지 선이라는 것은 하나님을 믿고 그의 아들 예수의 말씀을 따르는 것이었다. 그 시대의 윤리학은 바로 하나님 말씀이 적혀 있는 성경 그 자체였다. 당시 사람들의 사고방식 역시 기독교적인 세계관의 절대적인 영향을 받게 되었으며, 이 성경에 반하는 것을 악이라고 부르며, 철저히 배격했다. 따라서 기독교 사상에서는 선과 악을 이렇게 명확히 구분하는 이원론적 세계관을 갖는다.

기독교의 본류가 되는 구약성경에 나오는 십계명은 이집트 탈출(출애굽)을 이끌었던 지도자 모세가 발견한 돌판에 새겨진 하나님의 열 가지 말씀이었으며, 그 당시 유대인들의 윤리 규범이었다. 이 열 가지 율법은 두 가지의 긍정 문장과 여덟 가지의 부정 문장으로 구성된다. 긍정 문장은 안식일을 지키라는 것과 부모를 공경하라는 내용이며, 나머지 부정 문장은 모두 무언가를 해서는 안 된다는 내용이다. 특히 여섯 번째부터 열 번째까지의 율법은 모두 인간의 일상적인 욕망과 관련이 있어, 살인, 간음, 절도, 무고와 관련이 있으며, 심지어 마지막 열 번째는 행동이 아니라 남의 것을 탐하는 욕망 자체도 품지 말라는 마음가짐에 관한 내용이다. 만일 이 율법을 어기게 되면 구원을 받지 못하게 된다. 인간은 아담과 이브에 의해 선악과를 탐한 이후로 원죄를 지고 태어나기 때문에 결국 죽음에 이르는 운명을 갖게 되는데, 만일 영생하려면 반드시 구원을 받아야 한다. 정리해 보면, 인간이 원죄를 지게 된 원인은 선악과를 따먹은 범죄행위 때문이며, 그 선악과란 바로 욕망을 의미한다. 하나님이 지정해 준 것만 먹고 살아야 하는데, 스스로 뭔가 하고 싶다고 욕망한 것이다. 즉, 원죄를 진 것도 욕망이며 구원을 받지 못하는 사유도 바로 욕망 때문이다. 하나님의 말씀은 욕망을 억제하라는 것과 통한다. 하나님 말씀에 반하는 것은 악이기 때문에, 결국 욕망에 사로잡히는 것은 바로 악이 되는 것이다.

동양의 불교에서도 욕망을 모든 고통의 출발로 본다. 인간은 궁극적으로 무언가를 욕망하는데, 욕망은 사람을 행복하게 하기보다 괴롭게 하는 경우가 더 많다고 보기 때문이다. 욕망이 집착이 되면 이성이 마비되고, 이기심이 발현되면서 분노하고, 나 이외의 모든 것을 증오하게 된다는 논리다. 따라서 욕망구조를 깨는 것이 무상과 무아의 경지에 이르게 하는 원동력이며 결국 내가 없어짐으로써 해탈을 하게 된다.15

🚶 인간의 본질은 욕망이다.

이러한 세계관에 처음으로 반박을 한 사람은 앞에서도 잠시 소개한 17세기의 철학자 바뤼흐 스피노자였다. 그의 부모는 원래 포르투갈 사람으로 가톨릭 교회의 유대인 탄압을 피해 종교적 자유 국가였던 네덜란드로 망명하였고, 그래서 스피노자는 암스테르담에서 태어났다. 어려서부터 머리가 좋아 신동으로 불리었으며, 네덜란드 유대인 공동체의 최고의 랍비로 성장할 것이라는 기대를 한 몸에 받으면서 자랐는데, 점차 성인이 되면서 랍비는커녕 성서의 교리에 조목조목 반박을 하기 시작하더니, 동양에서나 언급되는 범신론적 질서를 주장하다가 결국 유대인 공동체에서 추방되었다. 그는 자신의 신념을 굽히지 않은 결과 모든 재산도 빼앗기게 되어 결국 렌즈를 가공하는 일을 하면서 먹고 살았고, 외롭게 사유하고 글을 쓰면서 저서를 남겼다. 그 내용은 당시의 유대교는 물론이요, 가톨릭 교회에서도 용납할 수 없는 것이었기에 금서로 지정되었고, 당연히 종교적 탄압을 받았다. 이로 인해 그의 철학은 2~3백 년 가까이 사장되어 있었으나, 20세기에 들어 실존주의 철학자들이 그의 사상을 재조명하면서 유명해졌고, 질들뢰즈(2001)[16]와 같은 철학자는 그를 철학의 왕자로 칭송하기도 하였다.

스피노자(2006)[17]의 철학 중 재미있는 대목은 바로 욕망에 대한 태도이다. 그는 살고자 하는 욕구, 자기 보존의 무의식적 의지, 욕망을 코나투스라고 명명하면서, 이것이야말로 모든 사물의 본질이요, 이것이 없으면 사물은 존재할 수 없다고 하였다. 벌써 여기서부터 생각이 완전 다르다. 악의 근원인 욕망을 대놓고 본질이라고 칭하다니 욕을 먹을 만도 하다.

그는 서양에서는 매우 드물게 범신론적인 세계관을 갖고 있다. 자연이라는 것, 이 세상을 하나의 실체로 보고 하나의 커다란 질서가 존재한다고 하였으며, 그것이 바로 신이라고 생각하였다. 여기까지만 보면 매우 동양적 세계관과 비슷하다. 그러면서도 하나하나의 사물에 대한 태도는 동양과 좀 다른데, 각 사물은 전체의 질서를 위해 존재하는 것이 아니라 살고자 하는 욕망인 코나투스를 표출하는 삶을 살아야 한다고 주장했다. 그가 이렇게 말했던 이유는 바로 이 욕망이 실현될 때 정념 즉 긍정적인 감정이 생겨나며 이것이 우리를 행복하게 하기 때문이었다. 그리고 하나하나의 사물이 욕망을 실현해서 행복해질 수 있는 정치체제가 가장 이상적이라고 보았다. 그렇다고 모든 개체가 자신의 욕망 충족을 위해서 제멋대로 행동해야 한다는 것은 아니었고, 전체 공공의 선을 해치지 않는 범위 내에서 욕망을 관리해야 한다는 조언도 빠뜨리지 않고 있다.

🏃 절대불멸의 선과 악은 과연 있는가?

프리드리히 니체(2021)[18]는 선과 악이라는 개념에는 절대강자의 지배 논리와 약자의 노예 근성이 숨어있다고 꼬집는다. 실례를 독수리와 토끼로 재미있게 표현했는데, 독수리가 토끼를 쫓는 그 순간, 토끼는 자신을 죽이려는 독수리를 악으로 규정할 것이고, 현재의 이 시련을 감내하는 자신을 선으로 규정할 것이다. 그러나 정작 독수리는 토끼를 선과 악으로 보지 않고 단지 맛있는 먹이감으로만 볼 것이다. 여기서 선악을 구분하려는 토끼의 마음은 노예 근성이고, 선악에 연연하지 않고 단지 욕망대로 판단하고 행동하는 독수리의 마음은 주인의 논리이다. 토끼와 같은 약자는 항상 자신의 감정을 사랑과 희생으로 몰아넣고, 이를 선이라고 합리화하지만, 독수리와 같은 강자는 굳이 선해지려는 마음을 먹지 않으며 그저 자신이 좋아하는 것을 행할 뿐이다. 그런데도 과연 선악은 신이 정해놓은 진리인 것일까?

쇼펜하우어(2016)[19]는 이러한 선악의 문제를 그의 저서 『의지의 표상으로서의 세계』에서 정확히 짚어내고 있다. 신의 섭리로 태어난 생명체는 어떻게든 살아남고자 한다. 살기 위해 자신보다 열등한 생명체를 죽여서 잡아 먹고, 에너지를 보충한다. 그것이 악인가? 아닐 것이다. 그것이 악이라면 이 세상의 모든 동물은 매일매일 악을 행하는 것이기 때문이다. 그래서 쇼펜하우어는 이 세상에는 살고자 하는 의지만이 있을 뿐 여기에는 선도 없고 악도 없다고 했다. 이 말을 더 확장하면 세상에는 좋은 놈도 나쁜 놈도 없다. 다들 자신이 더 좋은 환경에서 더 많은 부를 누리며 더 오래 살기 위해 투쟁할 뿐이다. 그것이 좋은 것인지 나쁜 것인지 그 누구도 판단할 수 없다.

선과 악의 대립적 구도에서는 아군과 적군이 명확히 분류되고 자신이 미워하고 죽여야 할 대상이 보인다. 그러나 선이 갖는 가치는 허무하고 불안정한 것이다. 언제라도 나의 상황이 바뀌면 선에 대한 기준도 바뀐다. 니체는 여기서 한발 더 나갔다. 인간은 단순히 자기보존과 같은 생존의 차원을 넘어서 더 강해지고 더 성장하는 것을 지향한다고 보았다. 따라서 내가 기업에서 승승장구하며 승진을 하는데 이것을 방해하는 사람들은 모두 악이 될 수 있다. 결국 스피노자가 말한 것처럼, 개인 차원에서의 선과 악은 없으며, 오직 공공의 선만이 존재할 뿐이라는 말에 절대적으로 공감하는 이유가 여기에 있는 것이다.

✪ 주역에서 본 세상

주역을 포함한 동아시아 철학에서는 이 세상이 만들어진 근본적인 원인을 우연이라고 본다. 이 세상을 뜻하는 자연이라는 말은 스스로 자(自)에 그러할 연(然)이라는 한자를 쓴다. 이 세상은 스스로 원래부터 그랬다는 것이다. 따라서 원인과 이유를 묻지 않는다. 그것을 묻는 것 자체가 잘못됐다는 것이다. 세상은 양과 음이라는 상반된 에너지가 만나 조화를 이루면서 그 혼합 정도에 따라 세상의 모든 양태가 만들어지는 것이다. 그리고 세계는 이러한 기운에 따라 끝없이 변화한다. 그래서 'A는 무엇이다'라고 규정하지 않는다. 세상에 멈춰있는 것은 아무것도 없기 때문이다.[20]

내가 지금 불순한 생각으로 누군가를 살인하려는 마음을 먹었다고 하더라도 누군가 나를 위로해 주면 그 마음이 그새 풀리면서 착하게 살아야겠다고 마음 먹기도 한다. 한 사람의 마음도 하루에도 수십 번 선이 감돌다가도 악의 기운이 넘치기도 하며, 이것이 몇 번이고 반복된다. 따라서 누군가를 '선이다 또는 악이다'라고 규정하지 않는다. 이 논리는 꽤나 합리적이며 희망적이다. 선을 행하지 않으면 그저 불선일 뿐이지 악은 아니기 때문이다. 또한 내가 불선의 상태라면 선을 행하지 않고 있음을 나타내는 것이니, 다시 선을 행하기만 하면 될 뿐이다.

⚛ 모든 전쟁의 발단은 악이 아닌 선에 있다.

그런데 진짜 무서운 것은 바로 이 선이다. 세상 사람들이 지켜야 할 지고지순한 선을 규정짓는 순간, 무서운 일들이 일어난다. 서로 다른 가치관을 갖고 있는 사람들은 자신의 생각을 관철시키려는 과정에서 갈등과 싸움을 일으키며, 결국 서로를 증오하는 결과로 이어진다. 치열한 투쟁 끝에 승리를 쟁취한 세력은 선에 대한 정의를 명확히 내려 이것을 공식화 또는 율법화하고, 준수를 강요하면서 여기에 반발하는 사람들에 대한 피의 숙청이 시작된다. 율법화된 수칙들을 신성시하고 이를 지키지 않은 사람들은 큰 제재를 받게 되는 상황에 이르게 된다. 조선시대의 유교가 그랬고, 공산주의가 그랬다. 마르크스의 이론은 동기가 순수했고, 인간적이고, 납득 가능한 내용이지만, 우리나라에 그 이데올로기를 무리하게 적용하는 과정에서, 1950년에서 1953년까지 50만 명의 사람들이 죽어 나갔다.

옳은 것, 즉 선이 양산하는 치명적인 문제는, 이것이 가치의 영역이라서 무엇이 선이고 무엇이 악인지 사람마다 생각이 제각기 다르다는 점이다. 누가 옳고 틀린지 판단이 어렵다. 비트겐슈타인이 지적했듯이, 참 좋다는 것, 바람직한 것은 증명이 불가한 개념이기 때문에, 애당초 진리의 영역에서 다룰 사안도 아니다. 또한, 진리의 영역이 아닌 것에 대해서 철학적으로 논쟁을 할 필요가 없어야 한다.

이와 비슷한 얘기를 그리스 시대의 소피스트들도 자주 언급했다. 그들은 "도덕은 그 사회의 강자들이 자신들의 기득권을 공고히 하기 위해 만든 것으로 절대적인 선이란 없으며 결국 상대적일 뿐이다."라고 했다. 이러한 와중에 도덕의 객관성을 지키고자 나선 인물이 바로 소크라테스이기도 하지만, 선이 만들어 낸 폭력을 생각하면 오히려 소피스트의 손을 들어주고 싶어진다.

✪ 넷플릭스 드라마 「지옥」에서 주인공이 의도한 정의

넷플릭스에서 6부작으로 발표된 유아인 주연의 드라마 「지옥」역시 선이 갖는 무서움을 잘 표현하고 있다. 주인공 정진수라는 인물은 부모에게 버림받아 보육원에서 자라났지만, 규칙도 잘 지키고 동생들도 잘 챙기는 그런 착한 소년이었다. 그러다가 어느 날 자신이 20년 뒤에 죽는다는 신의 예언을 듣게 된다. 불우한 환경에서 착하게 살아온 자신이 죽는다는 사실을 접하고, 그는 예언을 받고도 죽지 않는 단 하나의 예외를 찾기 위해 전세계를 돌아다녔다. 또한 무슨 이유로 예언 받은 사람들이 죽는지 이유를 알고자 했다. 하지만 그가 알게 된 것은, 예언을 들은 이는 단 하나의 예외도 없이 (신의 하수인인 고릴라 같은 지옥의 사자들에게 무참히) 죽었으며, 그들이 죽음을 당한 데에는 아무런 이유가 없었다는 것이다.

주인공은 반대로 그 죽음에 의미를 부여하고자 한다. 모두가 죄를 지었기 때문에 죽은 것이라는 논리를 만들고, 때로는 살인을 통해 이를 조작하기도 한다. 이를 통해 본인이 스스로 정의로운 사회를 구현하고자 한 것이다. 죄를 지으면 죽음에 이른다는 공포심 때문에, 서로를 감시하고 자신을 통제하는 과정에서 사람들은 사람답게 살 것이라고 생각했다. 그러면 더 정의로운 세상이 실현

될 것이라고 생각한 것이다.

그러나 주인공의 의도로 인해 만들어진 세상의 모습은 아름답기는커녕, 자식이 부모를 고발하고 일부 폭력단체들이 권력을 잡아 세상을 감시하며 개인의 인권을 말살하는 지옥 그 자체였다. 선을 규정짓고, 선을 모든 사람들에게 적용하려고 하는 순간, 규율이 생기며, 복종을 강요하게 된다. 이에 반하는 세력에게 폭력을 행사하는 것을 정당화하고, 폭력의 권한을 갖는 집단에게 권력이 생기면서 세상은 무너진다는 공식이 그대로 적용된다.

🚶 니체가 던지는 욕망에 대한 메시지

인간의 행복을 위하여 욕망은 충족되어야 할 것일까 아니면 선을 위하여 절제되어야 할 것일까. 앞서 언급했던 프리드리히 니체(2021)[21]의 얘기를 좀 더 추가해 보고자 한다. 그는 『도덕의 계보』에서 인간의 종류를 노예와 귀족으로 분류하였다. 노예는 언제나 사랑과 희생을 미덕으로 삼도록 훈련받는다. 되도록 자신의 욕망을 절제하면서 주인에게 자신이 누려야 할 권리를 양보한다. 이에 비해 귀족은 자신의 욕망과 권리를 적극적으로 챙긴다. 반면, 노예는 자신의 잘못에 대해 책임을 지려고 하지 않는다. 잘못에 대한 책임을 지는 것은 노예의 주인이다. 주인은 욕망과 권리를 쫓으며, 자신의 선택에 따르는 결과를 두려워하지도 않는다. 설사 결과가 좋지 않더라도 기꺼이 책임을 진다. 니체는 종교에서 추구하는 인간이라는 유형이 노예에 가깝다고 했다. 정해진 율법만 잘 지키면서 욕망은 억지로 찍어누르려고 하고, 혹여나 그렇지 못한 사람들을 보게 되면 험담과 욕설을 하면서 비방하지만, 결국 자신도 권력을 갖게 되면, 그 누구보다도 먼저 욕망을 향해 돌진할 그런 사람 말이다. 정작 자신의 행동에 대한 책임을 지려고 하지 않고, 뻔뻔하게 신의 구원을 받아 용서받으려고 한다.

니체는 차라리 자신의 욕망을 마음껏 드러내고 그에 대한 책임을 기꺼이 지려는 사람을 원했다. 그래서 그는 이를 '정신의 귀족'이라고 표현했다. 여기서 귀족이란 신분상의 귀족이 아니다. 따라서 '어떤 사람이 귀족인가 아닌가'는 '어디에서 왔는가'(=혈통)가 아니고, '어디로 가는가'라고 했다. 신분이 아닌 어떤 가치관을 갖고 있느냐가 중요하다는 것이다. 양반 혈통을 안고 태어나 기득권만 마음껏 누리다가 정작 아녀자를 희롱하는 죄를 짓자, 노비를 시켜 대신 형벌을 받게 하는 그런 사람은 니체가 말하는 귀족이 아니다. 나라의 외교권이 이웃나라로 넘어 가는 마당에 반대도 찬성도 하지 않으면서 시간만 끌다가 신하들의 서명으로 나라를 넘겨버린 그런 왕, 결국 자신의 서명을 남기지 않았다고, 나는 찬성하지 않았다면서 변명으로 목숨을 연명한 그런 일국의 왕은 니체의 시각에서는 노예다.

니체가 말하는 귀족은 자기 자신을 긍정하는 사람이다. 자기 자신의 마음 속에 깊이 자리잡고 있는 욕망조차도 긍정하는 사람이다. 그 욕망을 충실히 충족시키고 이에 대한 책임을 떳떳하게 지고자 하는 인간이며, 나아가 자신의 꿈을 이루기 위해 자유롭게 상상하는 사람이다.

니체(2004)[22]는 철학자면서도 특히 비유를 잘 했는데 『짜라투스트라는 이렇게 말했다』에서는 노예를 낙타에 비유하기도 했다. 이야기 속에서 낙타는 당위로 상징되는 '용'에게 지배당한다. 낙타는 자신보다 더 큰 짐을 짊어지고 고통의 사막을 건너면서도 용이 가리키는 방향에 자신의 방향을 맞추며 살아간다. 낙타는 금욕주의와 자기부정을 통해 살아가는 기독교적 가치관을 상징한다. 바로 선악과에서 과일을 따먹은 그 원죄를 지고 태어나 평생 스스로를 죄인이라 치부하고 욕망을 억제하면서 살아가는 중세시대의 사람들이다. 이렇게 온순한 낙타도 사막이라는 고통을 계속해서 겪다보면 조금씩 반항을 하기 시작하는데, 견디다 못한 낙타는 사자로 변신한다. 사자는 용의 권위와 가치에 의문을 품고 적극적으로 반항한다. 하지만 정작 저항을 통해 용을 타도하고 무너뜨리면, 이후의 세계에 대한 대안을 만들어내지 못한다. 또 다시 누군가 권력을 가진 자가 새로운 용이 될 뿐이다. 저항만 하던 사자는 별다른 기능을 하지 못하고 다시 낙타로 돌아간다.

니체는 사자를 넘어선 대안으로 어린아이와 같은 삶을 제안한다. 어린아이는 '무언가를 해야한다'는 당위의 상징인 용의 압력에 잠시 놀라지만, 곧 뒤돌아서서 이를 망각하며, 언제 그랬나는 듯 새로운 놀이에 빠져든다. 놀이가 재미없으면 규칙을 바꾸기도 하고, 새로운 놀이로 대체하면서 새로운 삶의 가치를 창조한다. 이렇게 자신의 삶 자체를 긍정하는 사람이, 니체가 말하는 '위버멘쉬(Übermensch)', 즉 '자기자신을 극복한 사람'인 것이다.

행복은 전체가 아닌 개체들이 꿈꾸는 대상이지만, 그것이 노예는 아니다. 모든 인식의 주체는 당당하게 욕망을 추구하면서 적극적으로 스스로의 행복을 찾아 행동하고, 이에 대한 성찰을 하고, 책임을 지는 정신적 귀족, 그리고 어린아이로 새롭게 태어나라는 메시지를 인류에 던지게 되었다.

PART 2

행복한 여행의 조건,
우연과 불확실성

2

행복한 여행의 조건, 우연과 불확실성

CHAPTER 3.
행복이란 무엇인가?

1 인간의 행복을 방해하는 쾌락적응

　니체의 철학은 인간에게 당당하게 자신의 욕망을 충족시키라고 말한다. 스스로를 가꾸고 단련하면서 더 멋진 사람으로 변신하라고 한다. 그의 이러한 사상은 당시에는 정신병자 철학이라고 비난받았지만, 지금의 현대인들은 너무나 당연하게 받아들이는 상식이 되어 버렸다. 니체 철학의 영향을 받아 현대 사회는 더 많은 소비를 통한 욕망 충족으로 최대 다수의 최대 행복을 구현하고자 했지만, 사람들의 행복 수준은 계속 높아지지 못하고 정체되거나 오히려 하락하는 모습을 보이게 되었다. 니체가 미처 예상하지 못한 결과들이 하나둘씩 나타나기 시작한 것이다. 사회과학자들은 욕망과 행복의 관계에 대해 새로운 시각으로 연구를 시작했다.

★ 돈이 많으면 항상 행복할까?

현대 자본주의 사회에서 욕망을 충족시키려면 일단 돈이 필요하다. 따라서 돈이 많으면 행복해질 가능성이 높아질 것이다. 그런데 신기하게도 학자들의 연구에 따르면 그렇지가 않다. 돈과 행복의 관계 연구 중에 가장 대표적인 것은 남캘리포니아대 교수인 리처드 이스털린(1974)[23]이 제안한 '이스털린 역설(Easterlin paradox)'이다. 그는 1946년부터 빈곤국과 부유국, 사회주의와 자본주의 국가 30개 국가의 1인당 국민총생산(GNP)과 행복 수준을 비교해 보았는데, 특별한 연관성을 찾아볼 수 없었다는 것이다. 예를 들어 1960년 당시 서독의 1인당 GNP는 나이지리아의 20배였는데 행복 수준은 오히려 약간 낮았다. 돈이 아무리 많아도 행복할 수 없다는 것이 이스털린 역설이며, 그 이후로 물질적 풍요와 행복 수준은 관련이 없다는 논리를 뒷받침하는 중요한 단서로 활용되었다. 그러나 펜실베니아대학 워튼 스쿨의 벳시 스티븐슨 교수와 저스틴 울퍼스 교수(2008)[24]는 이스털린의 연구가 로그 분석을 하지 않고 행복 수준과 1인당 GNP의 절대값을 단순 비교하는 오류를 범했다고 지적하면서, 새롭게 접근해야 한다고 강조하면서 많은 논쟁이 오고 갔다.

이 논쟁에 종지부를 찍은 것은 바로 카너먼과 디턴 교수(2010)[25]의 연구였다. 그는 연봉 7만 5천달러가 될 때까지는 소득의 증가가 행복 수준의 증가를 가져오지만, 그 이상이 되면 행복 수준의 증가가 일관되게 나타나지 않는다고 하였다. 소득이 7만 5천달러를 넘어서면 더 이상 행복해지지 않는 원인은 무엇일까? 이에 대한 해답은 사실 아주 오래 전에 이미 제시된 바 있었다. 바로 필립 브릭먼과 도널드 캠벨(1971)[26]의 연구 결과물이다. 그들은 생물학자인 헬슨(1964)[27]의 쾌락적응 이론에서 영감을 얻어 감정에 있어서도 적응이 일어난다는 점을 언급하였다. 행복 수준이 일시적으로 증가하더라도 몇 개월 뒤에는 다시 이전의 행복 수준으로 돌아간다는 것을 사회심리학적으로 정리하였다. 이후 필립 브릭먼 연구팀(1978)[28]은 추가적인 연구에서 복권당첨자와 척추 마비 환자에 대한 종단적 연구를 수행했다. 먼저 1년 전에 복권으로 최하 5만 달러에서 최고 100만 달러를 타게 된 22명의 복권당첨자를 대상으로 인터뷰를 한 결과, 복권당첨자들의 과거와 현재, 미래의 행복감은 복권 당첨이 되지 않은 일반인들(58명)과 비교하여 특별한 차이가 없었다. 또한 일상적 활동에서 나타나는 소소한 즐거움(수다, 농담, 잡지 읽기)으로부터 얻는 즐거움은 오히려 일반인들보다도 복권 당첨자가 더 낮게 나타난 것이다. 반면, 전년도에 사고에 의해 척추가 마비되어 회복될 가능성이 없는 29명의 희생자에 대한 같은 조사를 한 결과, 과거와 현재의 행복감에서는 유의미한 차이를 보이며 높거나 낮았지만, 미래의 행복감과 일상적 활동에서의 소소한 즐거움은 통제집단과 비교하여 특별한 차이가 없는 것으로 나타났다.

결국 긍정적인 환경과 부정적인 환경으로 인해 변화된 행복 수준은 모두 원래의 수준으로 돌아오고 있다고 할 수 있다. 이 연구는 쾌락적응 이론, 또는 쾌락의 쳇바퀴 이론*으로 알려지게 되

---

* 다람쥐가 쳇바퀴를 열심히 타고 있지만 결국 한 발짝도 앞으로 나아가지 못하고 그 자리에 있는 상황을 말하는데, 더 나은 쾌락을 얻기 위해 분주하게 노력하지만 이내 적응되어서 본

었으며, 재화와 물질을 통한 쾌락을 추구하는 당시 사회에 경종을 울리는 계기가 되었다.

🎭 쾌락적응이라는 문제

쾌락적응을 최초로 제안한 헬슨(1964)[29]은 쾌락적응을 $Ut=f(Xt-ALt)$라는 공식으로 표현했는데, U는 쾌락적 상태, X는 자극수준, AL은 적응수준을 말한다. t라는 시간의 흐름에 따라 쾌락적 상태가 줄어드는 특징을 양적으로 정리하여, 적응수준 이론을 정립했다. 여기서 적응수준이란 반응을 이끌어내지 않는 자극의 수준을 말하며, 자극수준과 적응수준이 같아지면 쾌락적인 강도가 중립에 이르는 원리이다.

상기 공식을 인간의 일상에서 일어나는 사건 중 비교적 높은 쾌락적 상태를 제공하는 '이성과의 데이트'에 적용해 본다면 이렇다. 이성과의 데이트라는 자극을 10이라고 가정한다면, 첫 데이터에서의 적응수준은 0이었을 것이고, 따라서 감정수준은 자극수준과 같은 10이 된다. 그러나 만난지 1년 정도가 지나게 되면, 서로에게 익숙해지면서 적응수준이 2 정도 발생을 하게 되어, 쾌락적 상태는 10−8=2이 되는 원리이다. 만일 10년 이상 지나 서로가 만나도 아무런 느낌이 들지 않는 쾌락적 상태에 이른다면, 이 때

래 수준에 머무르고 마는 현대인을 은유적으로 표현하고 있다. 일반인들에게는 쾌락적응 이론보다는 쾌락의 쳇바퀴 이론으로 더 많이 알려져 있으며, 실제 논문들에서도 쾌락의 쳇바퀴 이론이 더 많이 언급되고 있다.

의 적응수준은 10이 되어 자극수준 10 빼기 적응수준 10에 의해
쾌락적 수준이 0이 된다.

🌀 한계효용체감의 법칙

쾌락적응은 이미 19세기에 경제학에서도 언급된 바 있는데,
쾌락적응의 본질을 직시한 학자는 독일의 경제학자 헤르만 고센
이었다. 고센의 제1법칙으로 알려져 있는 한계효용체감의 법칙은,
소비자가 소비하여 재화가 많아질수록 총 효용은 증가하지만 증
가분을 획득함으로써 얻는 만족감의 크기는 점차 줄어든다는 것
이다.[30]

이후 신고전파 경제학자들은 만일 효용을 극대화하는 것이
합리적 인간의 본질이라면 수요와 가격은 무궁무진하게 올라가는
것이 맞을텐데, 실제로는 그렇지 않은 이유를 한계효용 체감의 법
칙을 통해 설명해 내었다. 어떤 상품을 갖게 될수록 그 상품이 갖
는 주관적 가치는 점점 줄어들기 때문에 재화소비량이 증가함에
따라 한계효용은 체감하며, 이로부터 우하향하는 수요곡선을 만
들어 냈고, 자연히 적정수준의 가격과 양이 결정된다고 보았다.

신고전파 경제학자의 대표적인 학자인 알프레드 마샬은 한계
효용체감이야말로 인간에게 있어 지극히 자연스러운 현상이며,
만일 인간에게 한계효용체감이 일어나지 않을 경우 비정상적인
행동이 나타나는데 이를 중독이라고 하였다. 마약이나 도박과 같
은 한 가지 활동에만 중독되면 파멸로 이르는 것처럼, 한계효용이
체감하지 않을 경우 인간은 효용 극대화를 얻는 것이 아니라 효

용 자체를 얻지 못하는 지경에 이른다고 경고하면서, 중독되지 않
도록 뜨거운 가슴과 냉철한 머리를 유지해야 한다고 강조한 바
있다. 다시 말해 쾌락적응은 인간의 생존을 위해 반드시 필요하다
는 견해를 경제학적으로 설명한 것이다.31

✪ 쾌락적응의 특징

프레드릭과 로웬슈타인(1999)32은 쾌락적응과 관련된 연구들
을 학술적으로 집대성한 바 있는데, 그들은 쾌락적응을 일관되거
나 반복되는 자극으로 인해 영향이 줄어드는 어떤 행동, 프로세
스, 메카니즘으로 정의하였다. 쾌락적응은 두 가지 방식으로 다루
어지는데, 하나는 지속적으로 반복되는 자극에 의한 감정적 상태
가 줄어드는 것으로, 교통 소음이나 감금에서 점점 무뎌지는 것과
같은 예이다. 나머지 하나는 한번 일어난 자극에 대한 쾌락적 반
응이 줄어드는 것으로 명품 구입 후 만족감이 줄어들면서 더 좋
은 명품을 원하는 것과 같은 예를 들 수 있다.

하지만 자극에 대한 반응 자체가 줄어드는 둔감화(desensitization)
와는 또 다른 특성을 갖고 있다. 주어진 자극의 주관적 강도가 줄
어든다는 측면에서는 동일하지만, 쾌락적응은 자극 차이에 대한
민감도를 유지하는 반면, 둔감화는 민감도 자체가 없어져 자극 자
체를 느끼지 못하는 것을 말한다. 교도소에 수감된 죄수의 경우
처음에는 열악한 환경이라는 부정적인 자극에 대해 큰 고통을 느
끼게 되지만, 점차 시간이 지나고 생활이 반복되면서 나중에는 쾌
락적으로 중립에 이르게 된다. 만일 이 수감자의 환경(방의 크기 등)

이나 자극이 향상된다면 상대적으로 막 개선된 시점의 적응수준은 제로가 될 것이고, 따라서 쾌락적 상태도 향상될 것이다. 반면, 둔감화라는 것은 7평에서 9평으로 전환하여도 쾌락적 상태가 향상되지 않는다는 차이가 있다.

한편, 쾌락적응은 부정적인 자극보다 긍정적인 자극에 있어서 더 자주 더 빨리 일어나는 것으로 알려져 있다. 카너먼과 트버스키의 프로스펙트 이론과 같이 사람들은 같은 양의 혜택과 손실 중에서 부정적인 손실에 대해 더 크게 반응하기 때문이다. 소냐 류보머스키(2011)[33]는 긍정적인 자극에 대한 쾌락적응이 부정적인 자극에 비해 더 빠르게 일어나는 이유에 대해, 긍정적인 자극은 흘러가는 인생 자체에 문제가 발생한 것이 아니므로 쉽게 무뎌지지만, 부정적인 자극은 생존에 위협을 주거나 미래의 고통을 암시하게 되므로 더 많은 집중을 하는 것이라고 하였다. 실제 실험연구에서도 부정적인 사건이 2배 이상의 회상과 기억, 감정적 강도를 보였다.

2 쾌락적응은 극복될 수 없는가

♟ 신이 쾌락적응을 만든 이유

쾌락적응이 생물학적으로도 사회심리학적으로도 인간에게 당연하게 일어나는 현상이라면, 그리고 류보머스키(2011)가 언급한 바와 같이 쾌락적응이 긍정적인 자극에 대해 더 빠르게 일어난다면, 우리 인간의 행복은 어쩌면 한낱 허상에 지나지 않는다고 할수 있다. 쾌락의 쳇바퀴라는 표현처럼 행복하기 위해 열심히 뛰고있지만 항상 제자리를 맴도는 것이 인간의 숙명일 수 있기 때문이다. 안타깝게도 쾌락적응 이론이 발표된 이후 쾌락의 쳇바퀴 이론등의 이름으로 수많은 연구들이 진행되었는데, 생활 속에서 우리를 기쁘게 하는 각종 이벤트들은 장기적으로 볼 때 인간의 행복감증진에 지속적인 영향을 주지 않는다는 결론을 제시하였다.

그렇다면 신은 왜 인간을 이렇게 만들었을까. 우리 인간은결코 행복 따위는 꿈도 꿔서는 안 되며, 고통 속에서 묵묵히 살아야 한다는 계시를 내린 것일까. 만일 그렇다면 우리가 그토록 열망하는 인간의 행복은 근본적으로 이룰 수 없는 허상에 불과할수도 있기 때문이다. 따라서, 신이 정말 인간에게 저주를 내려 결코 행복해질 수 없도록 만든 것인지 살펴볼 필요가 있다.

일단 쾌락부터 점검해 보자. 진화심리학자들이 주장한 것처럼, 쾌락이라는 감정은 인류의 생존을 위한 대단히 자연스러운 현상이다. 허기와 갈증은 물론, 통증이나 졸음, 성적 흥분과 같은 쾌락적 상태는 현재 자신의 상태에 대한 일종의 경고이거나 혹은 특정한 행위를 유도하는 동기부여다. 자기보존을 위해 반드시 필요한 생리적 반응이다. 그런 의미에서 볼 때, 쾌락은 소정의 역할을 하고 난 뒤에는 사라지는 것이 자연스럽다는 것이다. 다시 말해 쾌락이 우리 뇌가 고안한 일종의 보상 프로그램이라면, 음식을 섭취하고 난 뒤의 포만감과 같은 쾌감이 오래 지속될 경우, 새로운 먹이를 구하기 위한 사냥에 나설 필요성을 느끼지 못한다. 그 쾌감이 사라져서 원점으로 돌아가야만 다시 쾌감을 느끼기 위해 생존에 필요한 행동을 하게 되는 것이다. 특히 생존을 위해 빈번하게 행해야 하는 식사의 경우, 다음 식사를 준비시키기 위해서라도 쾌락적응은 빠르게 일어나야 하는데, 실제로도 식사 후의 쾌락적 상태는 그리 오래가지 않는다.[34]

이러한 특성은 반복적인 행동을 하는 경우에 더 심하게 나타난다. 만일 동일한 행동으로 인한 한계효용 체감의 법칙이 적용되지 않는다면 사람들은 특정 행동만 반복할 것이다. 이 같은 현상을 다른 말로 중독이라고 한다. 게임을 아무리 반복해서 해도 쾌락이 줄어들지 않는 사람은 밥도 먹지 않고 하루 종일 게임을 하게 될 것이다. 몸의 균형이 파괴되면서 건강에 이상이 온다. 지금이야 괜찮겠지만 원시시대에 이런 사람이 있었다면 그는 생존확률이 낮았을 것이다. 가정을 이루고 자식을 키우기 어렵다. 결국 오래전 옛날에 대를 잇지 못하고 죽었을 것이다. 우리는 다행히 쾌락적응이 잘 일어나는 개체들의 후손이라서 쉽게 중독되지 않는다. 따라서 쾌락적응은 사람을 불행하게 하는 현상이 아니라 오히려 사람을 살리는 현상이라는 것이다.

롭슨(2002)[35]은 쾌락적응이 일어나는 원인을 또 다른 관점에서 연구했는데, 그는 쾌락적응을 진화론적 관점에서 적응적 효용 기능과 비교하면서 제안한 최초의 경제학자이다. 이후 레이요와 벡커(2007)[36] 역시 이를 지지한 연구를 발표하였는데, 이들은 진화를 위한 메타포로서 자연과 인간 간의 대리인 모델(principal agent model)을 제시하였다. 이들의 공통된 견해는, 강렬한 쾌락적 감정 반응에 너무 과도한 에너지가 소비된다는 것이다. 따라서 에너지 소비량을 효율적으로 조절하기 위해서라도 쾌락적응은 발생해야 한다고 보는 논리이다.

인간의 진화는 뇌의 기나긴 진화의 역사라고 해도 과언이 아닌데, 평균적인 성인의 뇌는 인간 몸의 2% 정도의 무게에 지나지 않지만, 전체 에너지의 약 20%나 소비하고 있다. 쾌락적 감정 반응이라는 것도 결국은 뇌의 화학작용의 산물이기 때문에, 강렬하면 강렬할수록 에너지 소모를 유발하게 된다. 뇌의 진화하는 역사를 살펴보면 가장 중요한 목표는 뇌에서의 발생하는 열을 최소화하는 것이었다. 따라서 강렬한 자극에 의한 쾌락적 감정 반응은 뇌의 에너지를 과다하게 사용하기 때문에, 가능한 한 에너지 고갈을 막기 위해서라도 쾌락적응은 반드시 일어나야 한다고 본 것이다.[37]

또 다른 관점에서 쾌락적응을 지지한 연구도 있다. 강한 쾌락적 상태(공포, 스트레스)가 지나치게 지속되면 몸의 균형이 깨지면서 암이나 순환장애, 호흡 감염과 같은 파괴적인 생리적 부산물을 갖게 된다는 것이다. 따라서 쾌락적응은 이러한 질병에 걸리지 않도록 공포나 스트레스를 무뎌지게 함으로써 죽음으로부터 우리를 지켜주는 기능을 한다. 또한 혐오적인 상태가 장기간 지속되어 더 이상 변화될 수 없다는 걸 알게 되면, 쾌락적응은 변화시키려는 쓸모없는 시도나 에너지 소비를 막도록 도와주기도 한다.[38] 교도소 수감자의 경우, 처음에는 강렬하게 부정적으로 경험된 조건이 나중에는 시간이 지나면서 점차 쾌락적으로 중립으로 경험되고, 이후 수감자의 환경(방의 크기 등)이나 자극이 나아짐에 따라 쾌락적 상태도 향상되기도 하며, 개선된 환경의 차이에 대해 민감하게 반응하기 시작한다. 이처럼 쾌락적응은 부정적인 환경의 변화에 대해 우리의 민감성을 줄이고 새로운 동기부여를 증대시킨다. 이러한 이유 때문에 프레드릭과 로웬슈타인(1999)[39]은 아래와 같이 표현하기도 했다.

> "쾌락적응은 변화시킬 수 없는 것을 받아들이게 하는 평온함과, 변화할 수 있는 것을 변화시키려는 용기를 제공하며, 그 차이를 알게 해주는 지혜를 준다."

카너만과 트버스키(1979)[40]는 만일 인류에게 쾌락적응이 없었다면 감정에 지배되어 버리면서, 각종 환경과 자극의 변화에 대응할만한 능력을 상실했을 거라고 한 것도 이와 같은 이유다.

마지막으로 쾌락적응이 이롭다는 또 하나의 근거로서 쾌락이 갖는 경고와 방어로서의 역할이 강조되고 있다. 상한 음식을 먹으면 구토와 같은 경고나 방어적 행동이 나오게 되는데, 이는 강렬한 고통이나 통증을 줌으로써 특정한 행동을 유도하거나 피하게 만든다. 이러한 경고와 방어로서의 고통은 대부분 적응되지 않고 항상 일정한 수준에서 반응을 유발한다고 하니 참으로 신기한 일이다. 만일 이러한 경고 기능이 없다면 어떻게 될까? 실제로 통증을 느끼지 못하는 선천성 증후군 환자들은 보통 사람에 비해 현저히 낮은 생존율을 보이는데, 대부분 30대 중반에 사망한다고 한다. 정작 인간의 생존에 필요한 영역에 있어서는 쾌락적응이 되지 않은 채 우리를 지켜주고 있는 것이다.

✈ 쾌락적응은 절대적인가?

쾌락적응이라는 것이 우리의 생존을 위해 준비된 것이라는 배려라는 점에 대해서는 감사할 일이지만, 아직도 납득이 되지 않는 것이 있다. 분명 그 쾌락적응이 인간의 생존에는 기여했을지 모르지만, 인간의 행복에는 반하고 있다는 사실이다. 만일, 쾌락적응 현상이 절대적인 것이어서, 특정 자극에 의해 상승한 행복한 감정이 시간의 흐름에 따라 모두 원점으로 돌아가 버린다면, 행복해지고자 하는 우리 인간들의 노력은 아무런 효과도 없다는 얘기다. 주어진 대로 태어나, 주어진 만큼만 행복하게 살다가 죽게 될 것이다. 그런데 다행히도 쾌락적응 현상이 절대적이 아니라고 주장하는 학자들이 나타나기 시작했다. 이들은 일단 쾌락적응 현상에 대해 거시적인 관점에서 그리고 장기적으로는 인정하지만, 인간 개개인이 노력에 의해 행복 수준을 바꿀 수 있는 여지도 있다고 주장하면서 장기간의 논쟁이 시작된다.

✈ 상향이론과 하향이론 간의 논쟁

쾌락적응을 지지하는 학자들의 주장은 쾌락의 쳇바퀴 이론과 기준점 이론(set point theory), 성격 이론(trait theory)에 기반하고 있다. 이들은 개인의 성격이나 정서 성향과 같은 타고난 유전적 기질이 행복감에 절대적으로 영향을 미친다고 주장한다. 결국 태어날 때부터 사람들의 행복 수준은 유전적으로 이미 정해져 있다고 주장하는 것인데, 이를 하향 이론(top-down theory)이라고 한다. 참 암울한 이론이다. 그런데 다행히도, 이런 논리에 정면으로 반박하는 연구자들이 있었으니, 2000년대에 접어들면서 정상적인 사람들의 행복을 연구하는 긍정 심리학자라고 하는 사람들이다. 처음 들으면 '긍정 심리학? 심리학적으로 뭘 긍정한다는 거지?'라고 생각할 것이다. 쉽게 말하자면 이렇다. '야, 우리 인간들의 행복은 결정되어 있는 것만은 아니야. 우리의 노력에 따라서 얼마든지 행복해질 수 있거든. 우리 인간이 행복해질 수 있다는 명제에 대해서 긍정적으로 생각해 보자.'

우선, 긍정 심리학자들은 하향 이론을 반박하기 위해, 특정한 자극이나 이벤트로 인해 행복 수준이 올라가거나 내려간 사람이 반드시 본래의 수준으로 회귀하는지를 관찰하였다. 왜냐하면, 직관적으로나 경험적으로나 인생의 중요한 한 사건이 개인의 인생에 오랫동안 엄청난 영향을 주는 사례를 우리는 수도 없이 경험하기 때문이다.

쾌락적응 이론에 정면으로 반박한 연구자 중 가장 유명한 긍정 심리학자는 에드워드 디너 교수이다. 2020년 10월 작고한 디너 교수는 행복 연구에 큰 공헌을 세운 학자로서 이미 1980년대부터 인간의 행복을 연구하면서 수많은 논문을 남겼다. 우리도 행복할 수 있음을 주장한 사람들의 입장에서 보면 전사와 같은 사람이었다고 할 수 있다.

그는 2006년 제자들과 함께 발표한 논문41에서, 쾌락적응 이론에 대해 조목조목 반박하고 있다. 먼저 쾌락적응 이론을 비롯한 하향 이론에 대해 종합적인 문제제기를 하였는데, 그는 행복감은 항상 안정적으로 유지되는 것이 아니라 변화한다는(상승) 결과를 제시하면서, 개인별 행복의 기준점은 상황에 따라 충분히 변화할 수 있다고 하였다.

그는 특히 국가별 행복 수준과 관련된 데이터를 제시하면서, 국가별로 행복 수준에 차이가 있다는 점을 주시하였다. 쾌락적응이 절대적인 것이라면 행복 수준은 환경의 영향을 받아서는 안 될 것이기 때문이다. 실제 1981년부터 1984년 사이의 감정 척도와 1999년에서 2001년까지의 삶의 만족도로 본 행복 수준은 국가별로 크게 다른 것으로 나타났다. 즉, 행복 수준은 부와 인권, 정치적 안정성, 이혼율과 같은 객관적인 사회 지표에 의해 변화될 수 있다는 것이다. 또 다른 연구에서도 독일의 17년간의 종단적 데이터를 기준으로 분석한 결과, 전체의 24%는 행복 수준에서 유의미한 변화가 있었다고 하였다. 행복 수준이 환경의 영향을 받고, 변하기도 하다면 후천적 노력으로 행복 수준이 상승할 수 있다는 희망이 보인다고 할 수 있을 것이다.

프레드릭과 로웬슈타인(1999)42도 이와 비슷한 얘기를 했었다. 성형수술을 한 경우 시간이 지나도 그 만족감이 줄어들지 않았던 연구들을 제시하였고, 그 중에는 오히려 수술 이후 행복 수준이 증가한 연구 결과도 있었다.43 이 결과를 의아하게 생각할 수도 있다. 왜냐하면 성형수술을 하면 처음에는 눈 밑에 지방을 넣어 보고, 그 다음에는 코도 좀 세우고, 턱도 깎으면서 욕심을 끝없이 부리다가 부작용으로 폐인이 된 사례들이 종종 언론에서 소개되기 때문이다. 물론 외모에 지나치게 집착하며 성형을 자주 하는 경우는 그럴 것이지만, 어릴 적부터 심한 외모 콤플렉스로 우울했던 사람들도 있다. 한 번도 자신을 향해 웃어준 사람이 없었는데, 성형수술을 하고 나자 사람들이 자신을 보고 밝은 표정으로 맞아주게 되니 얼마나 기쁘겠는가. 물론 이러한 기쁨도 시간의 흐름에 따라 줄어들겠지만, 성형수술 이전의 끔찍했던 하루하루와는 비교가 안 될 것이기 때문에 본래의 행복 수준으로 돌아가지는 않을 것이다. 사실 이것은 앞서 설명한 사회적 욕망과도 관련이 있다. 성욕과 식욕을 제외한 가장 강력하고 섬세한 욕망인 사회적 욕망이 충족되고 있으니, 그 무엇과도 비교할 수 없는 행복에 빠져 있을 것이고, 그 기쁨을 일상에서 자주 경험하다 보니 행복 수준이 본래보다 높게 형성되어 있다고 해석할 수 있다. 그 외에 반복적으로 행해지는 종교와 운동을 통해서도 행복감은 상승할 수 있음을 제시한 연구도 있었다.44

한편, 반대로 부정적인 사건에 의해 행복 수준이 하락한 사람들에 대한 연구들도 있었다. 예를 들어 척추 마비환자의 행복감은 시간이 아무리 지나도 일반인보다는 여전히 낮은 것으로 조사되었다. 남편이 사망한 미망인의 경우 역시 시간이 많이 흘렀음에도 중립 수준으로는 회복되지 못하고 있었다. 이 같은 연구 결과를 토대로 볼 때, 하향 이론은 인간 행복감의 전반적인 경향에 대해 거시적으로 잘 설명하고 있지만, 미시적인 차원에서의 모든 개체에게 적용되는 것은 아니며, 개인마다 발생하는 개인차에 대해서는 설명하지 못하고 있다. 다시 말해, 쾌락은 시간의 경과에 따라 적용되어지며, 인간의 행복감 역시 서서히 중립을 향하여 회귀하지만, 항상 중립으로 회귀하는 것도 아니며 특별한 사건이나 환경의 변화, 개인의지와 행동 등을 통하여 그 기준점은 상승할 수 있고 나아가 오래 지속될 수도 있는 것이다.

이러한 허점이 지적되다 보니, 쾌락적응 이론의 출발이 되는 브릭맨 연구팀(1979)의 복권 당첨자 대상 연구에 대해서도 비판적인 연구들이 진행되었다. 이 연구에 대한 의구심을 갖고 다시 데이터를 바탕으로 다시 분석한 연구자는 가드너와 오스왈드(2007)[45]였다. 이들은 이 연구의 데이터를 분석하던 중, 연구결과가 지나치게 과장되어 있다는 점을 발견하였다. 분명 최고액을 수령한 복권당첨자는 일반인보다 행복 수준이 떨어졌지만, 중간 정도 등급의 당첨자들을 대상으로 한 결과들을 바탕으로 분석해 보니 행복 수준이 상승한 채 머물러 있는 것을 발견한 것이다.

🏃 행복은 태어나면서부터 결정되는가?

다음으로 긍정 심리학자들은 유전적 요인이 행복의 100%를 결정한다는 사실에 대해서도 이의를 제기하고 나섰다. 디너 교수는 이미 1984년 연구에서 행복의 52%는 타고난 성격에 의해 결정되지만, 23% 정도는 상황적 여건에 따른 것이라고 하면서 유전자 이외의 요인에 의한 행복 수준의 변경 가능성을 주장하였다. 이어 류보머스키 연구팀(2005)[46] 역시 개인의 타고난 유전적 기질과 쾌락적응 현상을 포함한 기준점(set point) 영역이 행복감의 50% 정도만 영향을 미치며, 개인의 의지적 활동이 40%, 환경 여건이 10%의 영향을 미친다고 하였다. 점차적으로 개인의 의지가 행복에 영향을 미치는 비중이 높아지는 것은 인간의 성격과 환경의 상호작용이라는 심리적 과정에 주목하기 때문인데, 실제로 사람들은 같은 상황에 있더라도 개개인의 성격뿐 아니라 인지적 의지에 따라 그 반응은 다양하게 나타났다.

✈ 쾌락적응은 똑같은 속도로 일어나는가

쾌락적응이 일어나는 속도, 즉 쾌락적응률(hedonic adaptation rate) 역시 매우 중요한 주제다. 앞에서도 소개했던 리버사이드 캘리포니아 주립대학의 소냐 류보머스키 교수(2017)[47]는 행복감의 지속을 방해하는 쾌락적응이야말로 행복 연구의 핵심이라고 하였는데, 『행복의 정석』이라는 저서에서 쾌락적응에 대해 자세히 설명하고 있다. 그녀는 원래 구 소련에서 태어났으며, 아홉 살 경 미국으로 건너와 처음에는 문화적 충격으로 힘든 시절을 보냈다. 그러나 어려운 시절의 고난을 극복했고, 결국 하버드 대학을 수석으로 졸업했다. 힘들었던 어린 시절을 이겨낸 경험 때문인지 그녀는 유난히 행복에 대한 확신을 갖고 있다. 한 예로 그녀는 행복의 추구(pursuit)라는 말을 싫어한다고 한다. 행복은 바라보는 것이 아니라 실현될 대상이기 때문에 행복의 창조나 건설이라고 하는 것이 맞다는 것이 그녀의 생각이다. 그녀는 인간의 행복을 방해하는 쾌락적응의 속도, 즉 쾌락적응률이 사람과 사건, 맥락 등에 따라 다르게 나타나고 있다는 연구결과를 발표하였고, 이를 반대로 해석한다면 개인의 노력과 활동을 통해 행복 수준의 상승도 가능하다는 결론에 이르게 된다고 하였다.

과거에도 심리학 분야는 아니었지만, 파듀치(1968)[48]의 쾌락적응에 관한 연구에서도 과거의 자극에 대한 적응 수준이 당시의 맥락에 따라 달라질 수 있음을 추가적으로 제시한 적도 있었다.

쾌락적응은 거시적으로는 피할 수 없는 현상이지만, 모든 인간에게 100% 선천적으로 적용되는 것도 아니며, 개인차에 의해 다르게 나타난다. 후천적인 노력으로 행복해질 수 있다는 작은 가능성이 발견되었다고 할 수 있다. 이제 어떻게 하면 아니 어떤 활동을 하면 쾌락적응이 억제되어 오랫동안 행복감이 지속될 수 있는지에 대해 살펴보기로 하자.

3 체험이 주는 비밀의 열쇠

　우리의 행복을 가로막는 것은 쾌락적응이다. 그러나 쾌락적응이 거시적으로 절대적이기는 하지만, 그나마 심리학자들의 노력으로 인해 쾌락적응 자체가 모든 사람들의 모든 행동에 동일하게 나타나는 것이 아니라는 것을 알게 되었다. 또한 개인의 의지나 활동에 따라 쾌락적응이 비교적 덜 일어나기도 한다는 것 역시 명확해졌다. 그렇다면 쾌락적응이 덜 일어나는 행동에는 어떤 것이 있을까? 만일 이러한 행동이 무엇인지 알 수 있다면, 그러한 행동을 중심으로 우리의 인생을 설계한다면, 남들보다 더 많은 시간 동안 높은 행복 수준에서 보낼 수 있지 않을까?

　우리나라 사람들의 삶을 잘 들여다보면, 소비를 통해 재화를 획득하고 대학 진학을 통해 자신의 지위를 변화시켜 준거집단으로부터 인정받으려는 방식을 택한다. 자녀들을 양육할 때 가장 중요한 기준점은 좋은 대학에 보내는 것이다. 그 이유는 좋은 대학에 가면 좋은 직장에 들어갈 확률이 높아지고, 좋은 직장은 장기간 높은 급여를 보장한다. 또한 높은 급여는 지속가능한 경제력을 상징한다. 9천만 원까지는 소득의 증대가 행복 수준을 증가시킨다는 연구 결과의 관점에서 볼 때, 이러한 접근은 크게 틀린 것은 아니다. 그러나 문제는 좋은 대학에 들어가서 대기업에 들어가도 매년 9천만 원을 벌기까지는 20년 가까이 시간이 걸린다는 점이다. 게다가 우리나라의 세금 구조를 볼 때, 대략 연봉이 1억 원을 넘어서면 세금 적용 구간이 바뀌면서 세금이나 건강보험에서 실수령액은 그렇게 비례해서 높아지지 않는다.

그렇기 때문에 경제력을 높이는 전략과 동시에 행복을 획득하려는 또 하나의 전략도 동시에 추진되어야 한다. 소비로 인한 쾌감은 적응 메커니즘에 의해 오래 지속되지 못하기 때문이다. 경제력과 동시에 행복 추구 전략의 대안으로 검토되고 있는 것이 바로 체험이다. 체험은 인간의 다른 행동들에 비해 적응에 민감하지 않았음을 보여주고 있는 연구들이 발표되고 있기 때문이다.

쾌락적응과 관련한 개인 활동의 차이를 연구한 학자는 반 보벤과 길로비치(2003)[49]가 대표적이다. 그들은 인간에게 행복을 제공하는 활동에 대해 연구했는데, 소유를 위한 제품구매보다 콘서트나 스키 슬로프, 여행과 같은 체험구매에서 더 큰 행복을 느낀다는 결과를 제시하였다. 2003년도 발표된 이 논문은 다양한 논문에 인용되었고, 소비보다는 체험을 하는 경우가 행복감이 높을 뿐만 아니라 오래 지속된다는 연구의 첫 출발점이 되었다. 하지만, 이 논문에서 이 명제를 증명한 방법을 보면 다소 아쉬움이 있다. 97명의 대학생들을 대상으로 무작위로 "최근에 100달러 이상 제품을 샀다고 상상해 보라고 한 뒤, 9점 척도로 (이 구매가 내 삶의 행복에 얼마나 기여했는지) 응답하도록 했다. 이것으로 그리고 몇 주 후에 다시 한번 행복감에 기여한 정도를 측정했다. 일단 대상이 대학생에만 한정되었고, 실제로 경험을 한 것이 아니라 특정한 상황을 상상해 보라고 한 뒤 측정된 결과라는 점이다. 어쨌든, 이 논문은 체험구매가 제품구매보다 쾌락의 강도도 높을 뿐만 아니라 쾌락의 지속에서도 우위에 있다는 첫 실증 연구로서 의미가 있다고 하겠다. 마지막에 이 두 학자는 실제로 소득이 높을수록 체험구매를 더 많이 하고 있다는 조사 결과도 제시하였는데, 이 결과 역시 시사하는 바가 크다. 소득이 많아지면서 경제적인 여유가 생기면 삶을 즐기는 방법에 대해 더 많은 정보를 탐색하였을 것이고, 이 것저것 다 하다보니 결국 체험을 택한 된 것이기 때문이다.

그 다음으로 이어지는 연구는 레오나르도 니콜라오(2005)[50]의 연구이다. 니콜라오는 쾌락적응에 관한 실험연구를 발표할 당시 텍사스 대학의 박사과정생이었으며, 박사 과정에서 연구한 쾌락적 응에 관한 논문들을 집대성하여 박사논문으로 제출하였다. 그는 우선 반 보벤과 길로비치에 비해서는 진화한 방식을 택했다. 동영 상을 시청하거나 노래를 듣거나 비디오 게임을 하도록 하고 행복 척도에 답을 한 뒤, 7분 후에도 행복 척도에 답을 하도록 하였으 며, 1일, 1주, 2주 후에도 동일한 질문을 하는 방식이었다. 한편 제품구매에 관한 실험은 연필세트, 캔 홀더, 열쇠 고리, 자, 카드 한 벌, 드라이버 및 작은 액자와 같은 약 3달러 상당의 제품을 제

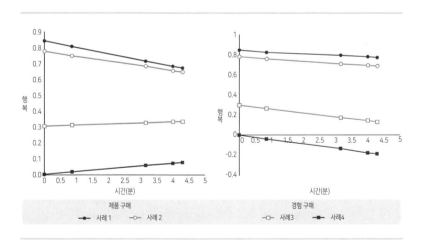

제품구매와 경험구매의 행복감 비교

그림 2-1

공한 후 주기적으로 행복감을 측정하였다. 총 텍사스 대학의 355명의 학생들이 참여한 결과, 제품구매보다 체험구매에서 더 낮은 쾌락적응률을 보이고 있음을 검증하였다. 아래의 그래프를 보면 제품구매 이후 하락하는 쾌락의 기울기가 체험구매 이후 하락하는 쾌락의 기울기보다 더 가파르게 하락하고 있음을 알 수 있다.

  물론 이 논문도 다소 아쉬운 것이 있다면, 체험구매라고 하는 것을 음악을 듣거나 영화를 보는 것으로만 규정했다는 점이다. 또한 제품구매는 너무 저렴한 제품에만 국한시켰다는 점도 다소 아쉬운 부분이지만, 그래도 그 이전의 연구에 비해 상당히 진전되었다고 할 수 있다.

  마지막으로 셸던과 류보머스키(2006)[51]는 활동과 상황에 대한 쾌락적응 연구를 수행하였다. 구체적으로 말하자면, 활동(activity)

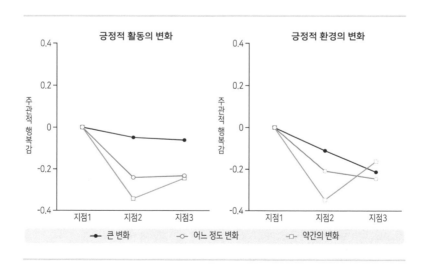

활동과 환경이 행복에 미치는 효과　　　　　　　　　　　그림 2-2

으로 인한 긍정적인 변화와 환경이나 상황에 의한 긍정적인 변화가 행복감 지속에 어떤 영향을 미치는지를 분석한 것이다.

위의 좌측 그래프는 활동에 의한 행복 수준의 변화를 나타나고 있는데, 그 변화가 큰 것, 중간, 작은 것으로 구분하여 종단적인 연구를 진행한 결과, 활동에 의한 긍정적 변화가 있었던 것은 행복 수준이 오랫동안 지속되었다. 반면, 환경에 의한 긍정적인 변화는 그 강도가 세거나 작거나 관계 없이 금방 쾌락적응이 발생하여 행복 수준이 감소하는 것으로 나타났다.

우리는 행복해지기 위해 뭔가 전부 세상이 뒤집어져서 좋은 환경에 놓이기를 원한다. 그러나 정작 그 효과는 그리 오래가지 않는다. 오히려 몸을 움직이고 무언가 목표를 세워 열심히 몰입하는 것이야 말로 쾌락적응이라는 굴레에서 벗어나는 길이라는 것을 이 연구는 시사하고 있다.

소유냐 존재냐

반 보벤(2005)[52]은 체험의 쾌락적응률이 낮은 이유를 타인과의 비교에서 찾고자 하였다. 소유를 목적으로 하는 제품구매의 경우 타인과의 비교 과정을 필연적으로 수반하지만, 체험의 경우에는 사회적 비교과정을 생략한다고 하였다. 제품구매는 효용적 측면 이외에 쾌락적 측면을 포함하는데, 이 쾌락적 측면은 상징적으로 사회적 관계 속에서 자기 자신의 상승하는 위치를 재확인하고자 하는 욕망이 작동한 것이기 때문에, 타인과의 비교가 자동적으로 일어난다고 보았다. 실제로 소득이나 지위, 성취에 대한 만족은 사회적 표준, 사회적 비교 그리고 준거집단에 의해 영향을 받는 것으로 나타났다. 이 때 자신보다 우월한 타인과의 비교는 자신을 위축시키고 부럽게 만들기 때문에, 만족할만한 효용을 얻더라도 만족감은 급격히 저하되고 만다. 나아가 최상의 위치에 오를 만한 재화를 소유하더라도 그보다 좋은 조건은 존재할 수밖에 없기 때문에, 결국 인간은 사회적 비교를 계속하는 한 행복해질 수 없는 것이다.

노벨상 수상자 대니얼 카너만(1999)[53] 교수는 일반적인 사람들에게 지금 행복하냐는 질문을 하면, 먼저 자신이 행복한지를 판단하기 위해 소득이나 교육 수준 등 각종 사회지표나 통계치를 찾게 된다고 하였다. 지금 행복하냐는 주관적인 인지적, 감정적 상태를 묻는 질문이었음에도, 자신이 전체에서 어느 정도 위치에 있는지를 객관적인 데이터를 통해 주관적 행복감을 부여하고자 한다는 것이다. 이는 자신에 대한 주관적인 판단조차도 본능적으로 타인과의 비교를 통해서 내리고자 하는 특징을 잘 대변하고 있다.

또한 정체성이라는 측면에서 분석한 견해도 있다. 체험이라는 것은 본질적으로 사회적 관계를 형성하면서 수행되고, 특정인에 대한 선호와 신념에도 영향을 주지만 구매에 의한 소유는 개인의 정체성에 그다지 영향을 주지 않는다는 것이다. 체험은 인간의 삶 그 자체이며, 체험이 특정인의 정체성을 만들기 때문에 더 오랜 시간 동안 쾌락이 유지된다.[54] 그래서 니콜라오 역시 이 논문의 후미에서 체험구매의 쾌락적응율이 낮게 나타나는 이유에 대해, 체험은 결국 사회적 상호작용을 통해 다른 사람들과 함께 하는 활동이기 때문이라고 언급하였다.

사실 이러한 연구 이전에도 체험과 제품구매에 대해서는 에리히 프롬(1999)[55]의 『소유냐 존재냐』라는 저서에서도 다루어진 바 있다. 또한 미국 사회가 '기쁨 없는 경제(joyless economy)'를 창조한다고 주장한 티보 사이토브스키(1976)[56]도 이미 1976년 그의 저서에서 소비 중심의 산업사회가 행복에 부정적인 영향을 미치는 물질적 소유를 추구한 나머지는 사람들에게 즐거움을 주지 못하고 있다고 비판하였으며, 대안으로 휴가와 연주회와 같은 문화적 체험들이 즐거움을 제공한다고 제안한 바 있다.

　　상기 연구 결과를 정리하자면 체험은 제품구매와 같은 소비 행위에 비해서 쾌락적응을 억제하는 강력한 힘이 있을 것 같다는 점이다. 그렇다면 체험으로 인한 행복감이 물질구매에 비해서 오래 지속되는 원인을 알아낸다면 사람들의 행복감을 오랫동안 지속할 수 있는 요인들도 도출해 낼 수가 있을 것이다.

CHAPTER 4.

행복한 여행이란 무엇인가?
우연과 불확실성

1　행복 패러독스: 불확실성의 등장*

　　인간은 누구나 호기심을 갖고 있다. 호기심이란 지금까지 모르고 있었던 새로운 것에 대한 관심이나 지식욕을 말하는데, 혹자는 고양이의 습성과 비슷하다고 해서 묘심(猫心이)이라고 표현하기도 한다. 인간이 호기심을 갖는 이유는 눈 앞에 펼쳐지는 현상의 원리를 잘 이해하여 자신의 생존확률을 높이기 위해서라고 한다. 그래서 눈 앞의 불확실한 현상을 접하게 되면 불안정한 심리상태에 빠지게 되고, 이를 해소하기 위해 호기심을 갖게 된다. 그래서 어린이들은 본능적으로 "저건 뭐야?", "그건 왜 그래?" 라는 질문을 던지며 성장한다. 호기심의 해소는 바로 곧 즐거움으로 연결된다. "아, 정말? 신기하다. 그래서 그렇구나."라고 감탄하면서 더

● 이번 절은 2016년 관광학연구에 게재된 논문 여행자의 행복감은 어떻게 지속되는가?
　-쾌락적응의 관점에서 본 여행의 의미-의 내용을 이해하기 쉽게 각색함

새로운 것에 관심을 갖는다. 과거에는 과학기술이 발달하지 않았기 때문에, 인간의 이성으로 이해되지 않는 자연현상이 너무나 많았을 것이다. 수차례의 관찰을 통해 축적된 경험을 바탕으로 눈에 보이는 현상의 원인을 알게 되면, 생존에 대한 불확실성이 감소하게 되며, 이 때 즐거움이 생성된다는 이 이론은 발생할 결과가 좋은 경우에도 나쁜 경우에도 항상 일관되게 적용된다고 한다. 즉, 인간의 즐거움은 지식의 습득을 통해 불확실성을 줄이는 경우에 나타난다.57

♠ 불확실성의 해소와 권태

그런데, 문제는 호기심이 충족되고 난 다음이다. 불확실성이 줄었으니 마냥 행복해야 하는데, 이상하게 행복과는 정반대의 상황이 펼쳐지는 것이다. 예를 들어 보자. 남녀 사이에서 연인 관계로 출발할 때 보통 '썸을 타는' 시기가 있다. 이때는 상대방이 자신을 좋아하는지에 대한 확신이 생기지 않는 시기다. 사귈 수 있을지 없을지 불확실성이 가득한 시기다. 게다가 상대방은 이런 내 마음도 몰라주고, '밀당'이라는 것을 한다. 좋아하는 것 같았는데, 갑자기 연락이 없으면서 대면대면 대하기도 한다. 하루에도 몇 번씩 천당과 지옥을 오고 간다. 애가 탄다. 그러다가 서로가 좋아한다는 것을 확인하게 되는 순간, 그리고 연인으로 발전하는 순간 말로 표현할 수 없는 기쁨이 몰려온다. 그러다가 시간이 흘러 공식적인 연인으로 인식되는 확실한 단계에 접어들면 그 기쁨이 줄어든다. 이전만 못하다. 돌이켜 보면 지고지순한 사랑을 하면서도 가장 미칠 듯이 사랑해서 기쁨이 강렬했던 시기는 바로 불확실한 상황이었다. 불확실이 확실이 되는 그 시점에서는 기뻤지만 그 이후로는 점점 기쁨이 감소하는 것이다.

하버드 대학의 길버트 교수는 버지니아 대학의 윌슨 교수 (2005)[58]와 함께 이 점을 기이하게 여겨 연구를 시작했다가 재미있는 결과를 발견했다. 불확실성은 인간에게 불안과 두려움을 주기도 하지만, 적당한 불확실성은 오히려 기쁨을 증폭시킨다는 사실이다. 적어도 큰 위기가 닥치는 상황이 아닌 즐거움이 계속될 것이라고 여겨지는 상황에서는, 불확실성이 해소된 조건보다 불확실성이 해소되지 않을 조건에서 긍정적인 감정이 더 오래 지속된다는 것이다.

✈ 불확실성과 행복의 강도

사실 불확실성이라는 단어의 동의어는 의심이나 불안정과 같은 불쾌한 뜻을 함축하고 있다. 불확실성은 사람들의 불안을 일으키는 요인이며, 인간의 역사는 이를 제거하기 위한 노력으로 만들어져 왔다고 해도 과언이 아니다. 모르는 것을 아는 것으로 바꾸기 위해 특정 사실들로부터 이론을 만들었고, 불확실성을 줄여서 궁금한 미래를 예측할 수 있도록 해 왔다. 그러나 개인의 삶에 있어서는 오히려 예측 가능한 이벤트가 감정적인 강렬함을 떨어뜨리고, 즐거움의 감소를 가져온다는 사실을 길버트 교수와 윌슨 교수가 발견했고, 그들은 이를 즐거움 패러독스(pleasure paradox)라는 개념으로 소개했다.

잘 생각해 보면 이런 사례는 너무나 많다. 카지노에서 갬블을 할 때 이길 확률이 낮으면 낮을수록 오히려 감정적 반응은 더욱 강렬해진다. 운동경기에서 경기 막판까지 지고 있다고 몇 분이 남지 않는 상황에서 동점과 역전을 할 때의 쾌감은 그 어떤 것과도 비교하기 어렵다. 반면, 너무 강해서 매번 이기는 팀이 최하위 약팀을 만나 이기는 경우의 감정적 반응은 그다지 강하지 않다. 이길 것이라고 예측하고 있었기 때문이다. 기대하지 못하는 사건에서 감정 반응이 강해지는 것이다. 기대하지 못했다는 건 그만큼 미래가 불확실했다는 얘기다.

이러한 특징은 신경과학에서도 궤를 같이 하고 있다. 영국의 신경과학자 볼프람 슐츠 연구팀(1998)[59]는 원숭이에게 오렌지쥬스를 보상으로 제공하면서, 예측가능한 조건과 예측이 불가능한 조건으로 나누어 비교하였는데, 예측하지 않은 보상을 받았을 때 쾌락의 중추로 알려진 측좌핵 신경세포 활동이 활발히 증가한 것을 확인하였다. 감정이라는 뇌의 보상 경로는 자극의 강도가 아니라 예측이 어려운 경우에 극대화되고, 기대하지 못한 사건들은 사회심리학적 각성을 불러일으키며, 이러한 각성은 감정적 반응을 강화하는 것이다.

🏃 불확실성과 행복의 지속

불확실하다는 것은 기대하지 않은(unexpected) 것만 의미하지는 않는다. 어떤 사건이 일어났는데, 논리적으로 이해가 안 되는 경우도 있다. 사람들은 어떤 사건에 대해서 감정적으로 반응하면서도 이를 논리적으로 설명하려고 하는 특징이 있는데, 사람들이 일상적인 귀인추론을 하는 것은 지적인 호기심 때문만이 아니라 세상을 이해하고 미래를 예측하기 위함이다. 다시 말해 사람들은 각각의 사건들을 이해함으로써 불확실성을 줄이고 일상적인 귀인을 통해 지식구조를 이해한다. 그러나 한번 이해하게 되면, 더 이상 놀라지도 않고 예측가능하게 되며 적응하게 된다. 여기에는 적어도 적응과 관련된 두 가지 매커니즘이 작동하는데, 먼저 예상하지 못했던 사건이 생기면 반복되면서 이해하게 되고, 이해를 통해 예측 가능하게 되면 사람들은 그것이 감정을 불러일으킬만한 사건임에도 인지적으로 반응하지 않는다는 특징이 있다. 또한 감정적인 측면에서도 설명할 수 없는 사건일수록 강렬한 감정적 반응을 불러일으킨다는 특징이 있다.

길버트 교수와 윌슨 교수(2005)는 즐거움 패러독스를 토대로 재미있는 제안을 하였다. 즐거움을 오래 간직하기 위해 불확실성을 활용하는 것이다. 지금까지 인간은 새로운 것을 접했을 때 불확실성을 줄이려고 본능적으로 뇌가 움직이고 이를 통해 현상을 이해하고 미래를 예측함으로써 감정적 반응을 조절하려고 해 왔다. 그러나 이해가 되면 즐거움은 사라진다. 로맨스의 스릴은 오래 지속되지 않고, 새로운 차를 산 흥분은 결국 사라진다. 사람들은 이처럼 적응의 스피드를 감지하지 못하고, 또한 이것이 상황을 이해했기 때문이라는 것도 알지 못한다. 또한 대부분의 사람들은 즐거움이 매우 오래 지속될 것이라고 착각하고 있으며 자신의 감정적 수명을 관리하지 못한다.

2 숨겨진 불확실성의 실체는 새로움과 우연

앞선 연구들을 종합해 보면 불확실성은 우리의 뇌를 활성화시키고, 감정적 반응을 고양시키며 쾌락적응을 지연시키는 효과를 갖고 있었다. 그렇다면 우리의 인생에 있어 불확실성이란 어떤 것일까? 일단 그 개념을 명확히 하기 위해 학술연구에서 다루고 있는 불확실성의 개념을 살펴보기로 하자.

불확실성이라는 개념은 리스크 관리라는 영역에서 주로 다루어졌다. 투자자의 입장에서는 투자하는 사업이 확실하게 많은 이익을 가져다 주기를 기대한다. 그렇지 않다면 많은 자금을 투자하기 어렵다. 여기서 중요한 것은 많은 이익이 아니다. '확실하게'라는 단어다. 오히려 적은 이익은 괜찮다. 확실하게 이익이 적다면 투자를 안 하면 되기 때문이다. 문제는 불확실한 상황이다. 성공할지 실패할지 알 수가 없으면, 해당 사업에 대한 가치에 대한 측정 자체가 안된다. 그래서 이 불확실성을 줄이기 위해 막대한 자금을 투입하기도 한다.

경영학에서 연구되는 불확실성의 개념은 알지 못하는 'un-known'이다. 알지 못한다는 것은 바로 지금까지 경험한 적이 없는 것이며, 앞으로 어떻게 되는지 파악하지 못한 것이다. 좋게 말하면 새로움이지만, 나쁘게 말하면 두려운 것이다.

우리의 일상에서 사람들의 행복감을 증진시키는 수준의 긍정적 불확실성은 막대한 손해를 보는 경우는 아니다. 혹시나 최악의 사태가 발생하더라도 허탈하게 웃으며 감수할 수 있을 정도의 결과를 갖는 경우다. 예를 들면, 영화관에서 1만원을 주고 영화를 보았는데, 넘 재미없어 시간이 아깝다는 정도, 짜장면을 먹을까 볶음밥을 먹을까 고민하다가 결국 볶음밥을 먹었는데, 알고 보니 이 음식점의 명물은 짜장면이었다는 사실을 뒤늦게 알며 후회하는 정도일 것이다. 이 정도 수준에서는 불확실성이 우리를 기쁘게 한다.

이 정도 수준의 불확실성이라면 제대로 파악이 어려운 unknown의 영역이라고 해도 그리 나쁘지만은 않을 것이다. 이러한 긍정적인 불확실성을 새로움이라고 부르며, 학술적으로는 신기성(novelty)라고 한다. 새롭다는 것은 지금까지 경험해 보지 않은 것이고, 그렇기 때문에 알지 못하고, 잘 파악도 안 되며, 어찌하면 좋을지 예측도 안 되는 것이다.

⊛ 신기성: 새로움

신기성은 여러 가지로 설명되지만, 요인분석을 통해 가장 많이 등장하는 속성은 바로 일탈이다. 새로움과 일탈은 언뜻 보면 관련성이 없어 보이지만, 사실 일탈만큼 새로움을 잘 설명하는 용어도 없다. 아침에 해가 뜨면 일을 하고 해가 지면 잠을 잔다. 이러한 패턴이 계속 반복되면서 수백 회, 수천 회, 수만 회 반복된다. 공간적으로는 특정 장소와 특정 동선을 반복하여 이동한다. 거의 동일한 시간과 공간을 맴돈다. 이러한 인간에게 새로움이란 다름 아닌 이 틀에서 벗어나는 것이다. 새로움이란 인식하는 주체의 개인적 경험이나 지각과 깊은 관련이 있다. 한적한 시골에서 사는 청년에게 산과 나무, 벌레소리는 지긋지긋한 일상이겠지만,

도시에 살면서 매일매일 실적에 쫓기는 영업부장님에게 이곳은 파라다이스와 같은 새로움 그 자체일 것이기 때문이다.

그 다음으로 많이 나오는 개념은 '차이'다. 정해진 패턴에서 벗어나는 일탈은 인간에게 차이를 제공한다. 분명 어제와 다르다. 이 다름은 인간을 놀라게 한다. 매일 매일이 똑같아서 뇌를 거의 사용하지 않고 지냈는데, 갑자기 다른 것이 나타나니 뇌가 놀란 것이다. 그래서 새롭다는 것은 다른 것이고, 다른 것은 인간에게 놀라움을 준다. 이 견딜만한 놀라움은 다른 말로 스릴이 있다고 말하기도 한다.

겨울왕국이라는 만화영화는 엘사와 안나라는 두 자매의 성장 드라마다. 1편에서는 모든 것을 얼려버리는 끔찍한 능력을 가진 엘사가 자신의 트라우마를 극복하고 여동생과의 사랑을 통해 자신감을 찾는다는 얘기다. 2편은 조금 더 성숙해서 과감하게 새로운 과제에 도전한다는 스토리다. 여기서 시종일관 울려퍼지는 주제가 바로 'into the unknown'이다. 우리나라에서는 '숨겨진 세상'이라는 제목으로 불려졌는데, 매우 잘못된 의역이다. unknwon의 세상은 불확실한 세상이다. 그냥 안전하게 살기로 마음 먹는다면 일탈을 하지 않고, 어제와도 다르지 않은 차이가 없는 삶을 살 수도 있다. 하지만, 그렇게 산다면 내 삶도 아니고, 지금의 문제는 계속 극복하지 못한 채 성장하지도 못하고 살아야 하는 문제가 있는 것이다. 그래서 다른 길, 차이가 있는 길을 가고자 하는 것이다. 이것이 주인공을 깨어 있게 만들기 때문이다. 누군가에 의해 숨겨진 세상과는 차원이 다르다. 아마도 도전이라는 것의 신비함을 강조하기 위해서 숨겨진 세상이라고 표현하려고 한 것일텐데, 이 영화에서 강조하는 포인트는 그게 아니다.

🕴 우연

불확실성과 관련하여 또 다른 특징은 예측이 안된다 (unpredictable)는 점이다. 예측이 안된다는 것은 미리 정해져 있지 않은 것이며, 수많은 가능성이 존재한다는 것을 의미한다. 예상하지 못한 일을 접하고도 두려움에 떨지 않고, 그 결과에 승복하면서 긍정적으로 감탄하는 것, 우리의 인생에서 이와 같은 특징을 담고 있는 개념이 있으니, 바로 우연이다. 우연은 '야, 여기서 너를 만나다니 정말 말도 안 돼.', '진짜 신기하다. 너희들 서로 사전에 짠 거 아니지?'와 같은 대부분의 감탄을 수반한다.

사회과학 분야에서 우연과 비슷하게 많이 쓰이는 개념은 세렌디피티다. 세렌디피티(Serendipity)는 뜻밖의 행운, 우연한 발견 등으로 번역되는데, 의외로 인터넷이나 모바일 사이트를 운영하는 IT 업계에서 활발히 연구하고 있는 개념이다. 만일 특정 사이트를 방문한 고객이 원하는 정보나 서비스만 받고 나가버리면 좀 아쉽다. 이 사이트까지 데려오기 위해 아마도 막대한 마케팅 비용을 투자했을 것인데, 조금이라도 더 체류하면서 더 많은 정보와 서비스를 이용해야 매출이 증가하면서 마케팅 효율이 높아질 것이다. 따라서, 사이트에 접속한 고객에게 접속 의도와 비슷하면서도 당초 의도하지 않았던 색다른 정보를 제시하면, '어? 이건 뭐지? 신기한데?'라며 고객이 조금 더 사이트에 머무를 것이다. 따라서 B to C 기반의 IT 융복합 기업은 고객에게 원하는 정보만을 제공하는 것이 아니라 검색 키워드와 관련된 다양한 관련 정보를 우연히 찾을 수 있도록 콘텐츠를 제시하게 되며, 이러한 기획을 통해 고객을 더 사이트에 체류하게 하는 능력을 경쟁력으로 본 것이다.

학자들이 연구한 세렌디피티의 5가지 개념을 보면 새로움과 우연이 혼재되어 있다. 어쨌든, 불확실성과 새로움, 우연은 매우 비슷한 개념이면서 중첩되기도 한다. 동시에 쾌락의 강도와 지속에 영향을 주는 요인이라는 것을 알 수 있다.

세렌디피티 지수 척도　　　　　　　　　　　　　　　　　　표 2-1

분류	설문내용	비고
1	나는 예상하지 못했던 인사이트를 얻었다.	우연
2	나는 지금까지 생각해보지 못한 것을 경험했다.	새로움
3	나는 기존 사고방식으로는 상상할 수 없는 정보를 접했다.	새로움
4	나는 매우 놀라운 일들을 경험했다.	우연
5	나는 일상을 새로운 시각으로 보게 되었다.	새로움

🎎 라디오와 불확실성

혼성보컬인 카펜터스는 편안한 멜로디와 감미로운 목소리로 70년대뿐 아니라 지금도 널리 사랑을 받고 있다. 셀 수 없이 많은 히트곡 중 지금까지도 가장 많이 불리는 노래는 아마도 'Yesterday once more'라는 노래가 아닌가 한다. 가사의 내용은 이렇다. '내가 어렸을 때 라디오를 들으면서 내가 좋아하는 노래가 나오기를 기다렸거든. 그러다가 그 노래가 나오면 따라 부르며 살며시 웃음 짓곤 했지. 그리고 다시 시간이 지나 그 노래가 들려오니 왠지 눈물이 나네.'라는 내용의 곡이다. 노래 속의 주인공은 우연히 듣게 된 과거의 그 멜로디로 인해, 과거의 아픈 사랑의 추억과 친구들과 함께 아름답게 빛났던 순간들을 떠올리면서 눈물짓고 있다.

그 당시는 노래를 들을 수 있는 수단이 라디오밖에 없었을 것이다. 지금은 현대 기술의 발달로 듣고 싶은 노래를 아주 쉽게 선택해서 모아놓고 원하는 시간에 들을 수 있다. 때로는 알고리즘이 나의 취향에 맞는 노래를 골라서 들려주기도 한다.

노래를 들으면서 가장 감탄하게 되는 경우는 언제일까? 세상이 이렇게 발전했음에도 정답은 바로 라디오에서 나오는 음악이다. '다음 곡은 성산동에 사시는 000님께서 신청해 주신 곡입니다.' 하면서 곡의 반주가 나오는 순간, '아, 어떻게 지금 이 순간에 이 노래가 나오다니….'라면 놀라면서 감탄하게 된다. 그러면서 그 곡과 관련된 친구들이나 첫사랑을 떠올리기도 한다. '안 그래도 요 며칠 그 친구 생각이 나더라니, 참 신기하네.' 하면서 카펜터스와 같은 흐뭇한 웃음을 지을 것이다.

그러나 내가 의도적으로 듣기 위해 담은 노래로는 이렇게 크나큰 감탄이 나오기 어렵다. "와 진짜 말도 안돼. 캬, 이 노래…. 정말 진짜 미치겠다." 정도의 반응이 나오려면 역시 라디오다. TV로 우연히 듣게 된다면 이 같은 효과가 잘 나지 않는다. 시각적인 자극이 너무 강하기 때문에 상상할 수 있는 여지를 주지 않기 때문이다. 라디오는 청각으로만 정보를 전달하기 때문에 다른 일을 하면서도 (커피를 마시면서도) 자유롭게 들을 수 있다. 또 청각에만 의존하기 때문에 노래와 관련된 추억을 마음껏 상상하면서 감흥에 빠질 수 있다. 라디오가 완전히 없어지지 않는 이유이다.

라디오는 어떤 노래가 나오게 될지 전혀 예측이 안 된다. 또한 당일 날 방송될 곡의 선곡은 고객들의 신청한 노래를 바탕으로 PD가 고르는 방식이기 때문에, 청취자는 어떤 노래가 나올지 전혀 알 수가 없다. 또한 그 선곡은 특별히 나를 놀라게 하기 위해 의도된 것이 아니다. 우연히 정말 우연히, 실시간으로 특정 곡의 전파와 내가 현재라는 한 지점에서 만나게 되면서 들려오는 노래이기 때문에, 그 시점의 일치라는 부분에 감정적으로 크게 반응하게 되며, 그렇기 때문에 그 여운이 오래 가는 것이다.

⚾ 프로야구와 불확실성

스포츠에도 마찬가지 원리가 적용된다. 스포츠는 기본적으로 경쟁놀이다. 미리 정해진 규칙을 바탕으로 두 팀이 승부를 내는 방식이다. 참가형 스포츠이건, 관전형 스포츠이건, 스포츠가 재미있는 이유는 누가 이길지 모르는 상황에 놓여진다는 사실이다. 정말 우리 팀이 이겼으면 좋겠는데, 그렇지만 경기에는 여러 가지 변수가 있다. 잠시라도 방심하게 되면 승패가 뒤집힐 수 있다. 과연 이길까? 지는 거 아냐? 이런 식으로 승패가 불확실한 상황이 이어지다가, 극적으로 이기게 되면 하늘을 날 듯 기분이 좋다. 불확실성의 매카니즘이 작동한 것이다.

이러한 불확실성이 작동하지 않는 스포츠 경기를 상상해 보자. 어느 올림픽 경기에 평소 100전 100승을 한, 너무나도 강한 A라는 선수가 출전을 했다. 토너먼트에서 별 고비 없이 계속 간단히 이겼고, 결국 매우 약한 상대와 결승전을 앞두고 있다고 한다면, 이 결승전은 올림픽임에도 불구하고 긴장감이 느껴지지 않을 것이다. 이렇게 어느 팀이 이길지 대략 예상이 되면 경기 자체의 재미와 쾌감의 강도는 약해진다. 그래서 너무 강한 강팀과 너무 약한 약팀과 경기를 하게 되면 재미가 없다. 불확실성이 없어지기 때문이다. 그러나 막상막하의 관계, 또는 전통적인 라이벌이라서 다소 실력이 부족해도 정신력으로 달라붙어 반드시 박빙의 승부가 펼쳐지는 상황은 승부 결과를 불확실하게 만들기 때문에, 모두가 긴장하고 설렌다. 이러한 승부를 더비라고 한다. 영국 프리미어리그의 북런던 더비라고 하면 런던의 북쪽에 위치한 지역에 서로 연고를 둔 축구팀 간의 경기를 말하는데, 서로 간의 경쟁의식이 강해서 경기가 치열해지게 된다. 맨체스터와 리버풀도 이웃에 위치하게 된 지역끼리의 경쟁의식 때문에 물리적인 조건을 넘어서서 대등한 경기가 펼쳐진다. 한국과 일본 간의 한일전도 마찬가지다. 반드시 이겨야 하는 분위기가 형성되고, 평소 강하건 말건 이 경기는 근성으로 싸우기 때문에 승리에 대한 불확실성이 최고조로 달하는 것이다.

스포츠 중에서 불확실성으로 치면 단연 축구보다는 야구다. 축구는 대략 비슷한 11명의 주전 선수들이 참여하기 때문에, 매번 비슷한 수준의 경기를 펼친다. 이에 비해, 야구는 비슷한 선수들이 나오지만 딱 한 명 바뀌는 포지션이 있다. 바로 투수다. 그리고 이 투수가 경기 결과에 미치는 영향은 절반 이상을 차지한다. 꼴찌를 하는 팀이라도 로테이션 상 팀의 에이스가 나오게 된다면, 리그에서 1위를 하는 강팀을 이길 수 있다. 축구에 비해 야구의 경기 결과가 예측이 어렵기 때문에, 즉 경기결과가 불확실하기 때문에 우리나라에서는 야구가 축구에 비해 인기가 많다.

경기 결과 예측도 그렇지만, 야구의 경우는 우연적인 상황을 만들어 내는 장면이 매우 많다. 축구는 공이 좌측에서 우측으로,

우측에서 좌측으로 순식간에 이동하기 때문에 특정 순간에만 집중하기가 어렵다. 하지만, 야구는 투수가 던지는 공 하나에 엄청나게 집중한다. 양팀은 머리를 짜내며 대책을 세우고, 투수가 공을 던지는 그 순간에 매우 응집된 에너지가 투입된다. 투수는 공을 어디로 던질까 하며 타자의 심리를 추적하고, 타자는 공이 어디로 올까 하며 이에 맞는 대응을 고민한다. 공이 던져지고 홈플레이트를 통과하는 순간, 그 결과는 안타, 삼진, 파울, 몸에 맞는 볼, 홈런, 적시타 등의 수없이 다양한 결과로 나타난다. 그 수많은 선택지가 있기 때문에, 그 예측의 결과는 더욱 불확실해지며, 예상치 못한 상태에서 만들어지는 결과에 감탄하게 된다.

✦ 주식투자와 불확실성의 즐거움

주식도 마찬가지다. 오늘 내일의 주가가 어떻게 변동할지는 정말 이 세상 아무도 모른다. 하루종일 일을 하고 확인을 못하다가 주가를 확인하면 순간 '와, 주식 올랐네. 돈 벌었다.'가 되거나 '아우, 왜 자꾸 떨어져, 돈 날렸네.'와 같은 한탄이 이어진다. 이렇게 희비가 교차되지만 사실 어찌보면 매일매일 이 결과를 확인하는데 왠지 묘미가 있다.

불확실한 상황에서 결과를 확인하면서 환호와 탄식이 이어진다. 그러나 어떤 결과라고 하더라도 이러한 행위는 우리 삶에 활력을 주고 감탄하게 만든다. 이런 순간이 많이 펼쳐지면 그러한 하루가 이어지는 인생이 행복하고, 그래서 행복이 오래 지속된다는 원리이다.

♟ 랜덤과 도스토예프스키의 운명

불확실성을 비즈니스에 활용하기 위해 수학적으로 가장 많이 쓰이는 방법은 랜덤이다. 랜덤을 통해 만들어지는 결과는 두 번 연속해서 나올 확률이 매우 희박하기 때문에, 그 결과에 대해 우리는 의미를 부여하게 된다. 1부터 10까지의 숫자들 중 하나라면 그리 신기할 게 없겠지만, 1부터 1조를 넘어 1경까지의 숫자 중 하나의 확률이라고 하면 얘기가 달라진다. 그 적은 확률로 특정 숫자를 접했다는 것 자체에 놀라게 되고, 이를 운명이라고 느끼게 된다. 가끔 어려운 의사결정을 통해 선택하기 싫을 때 바로 이 랜덤에 모든 것을 맡겨 버리는 건 어떨까?

러시아의 천재적 작가 도스토예프스키는 자신의 인생에 중요한 결정의 순간이 닥치면, 성경책을 꺼내들고는 무릎 위에 올려두곤 했다. 그리고 성경책을 확 펼치면서 어느 지점을 손가락으로 찍은 뒤, 그 구절을 읽었다. 그리고 그 구절이 당시 상황에서 신이 자신에게 말하는 계시라고 믿었다. 그리고 그 말씀의 의미를 깊이 숙고하면서 판단을 했다고 한다. 그는 죽기 전에도 뭔가 몸에 이상이 있다는 것을 직감하고는, 성경책을 펼쳐 손가락을 찍었다. 손가락이 향한 곳은 마태복음 3장 14~15절로, 세례요한이 예수로부터 세례 요청을 받고 사양하는 구절이었다. '요한이 말려 이르되 내가 당신에게서 세례를 받아야 할 터인데 당신이 내게로 오시나이까. 예수께서 대답하여 이르시되 이제 말리지 마라. 우리가 이와 같이 하여…" 이 구절의 '말리지 마라'는 표현을 확인하고 자신이 죽을 것은 예감했다고 한다. 정말 며칠 뒤 도스토예프스키는 명을 달리했다.

⚘ 사전 대본과 오디션 프로그램

2010년 경부터 인기를 모았던 슈퍼스타 K는 오디션 프로그램의 시초로서, 그 뒤로 수많은 비슷한 오디션 프로그램이 쏟아졌다. 처음에 오디션 프로그램이 인기를 모았던 것은 참가자들의 사연이 담긴 스토리였다. 오디션에 참가하기 전까지 열악한 환경에서 살았지만 노래라는 꿈을 잃지 않고 노력했고, 오디션 중에는 수많은 미션을 통과하면서 열심히 연습하여 자신의 한계를 깨고, 성장하는 모습을 시청자들은 환호하는 것이다.

그러나 이 외에도 오디션 프로그램의 또 하나의 강점은 바로 대본이 없다는 점이다. 전체적인 미션의 프로세스와 방식은 정해져 있지만, 그 안에서 주어진 미션곡을 어떻게 소화할지는 어디까지나 참가자들의 몫이다. 제약조건이 많은 상황에서 고난과 갈등을 극복하는 방법은 유명 작가가 상상하는 픽션의 수준을 넘어선다. 게다가 이것은 픽션이 아니고 리얼이다.

리얼의 세계에서 참가자들에게 모든 것을 맡긴 미션 수행 역시 예측하기 어려운 불확실성의 세계다. 사람이기에 완전히 다른 참가자를 압도적으로 우월하기는 어렵고, 고만고만한 사람들끼리 공정한 경쟁을 하는 것이기 때문에, 그 결과는 더더욱 불확실하다. 아마도 프로그램을 제작하는 책임자는 과연 이 오디션에서 재미있는 스토리가 그려질지 노심초사일 것이다. 그렇다고 대본의 양이 많아지고 인위적으로 조작된 장면이 많이 노출되면 시청자들은 외면하게 된다. 우연의 조건인 불확실하지 않으면서, 뭔가 누군가에 의해서 의도된 것 같은 느낌을 받기 때문이다. 우연적 상황이 아니면 재미는 반감되며, 감탄의 정도도 옅어진다.

그 무렵 MBC에서 방영되었던 '나는 가수다'라는 프로그램이 있었다. 우리나라 최고의 가수들이 모여 곡을 부르고 방청객의 평가를 받아 최하위를 받은 가수가 탈락하는 방식이었다. 이 경연에서 우리나라 최고의 가창력을 인정받는 김건모가 탈락하는 이변이 있었다. 이것은 이 프로그램의 불확실성을 극대화하는 하늘이 내린 기회였다. 김건모조차도 떨어지다니. 이거 장난 아닌데. 누가 우승할지 정말 모르겠어. 결과를 예측하기 어려워지니 흥미진진해 지는 것이다. 그런데, 주최 측은 김건모에게 패자부활전의 기회를 주자는 당초 규칙에도 없던 의사결정을 하고 만다. 각종 언론에서는 이 조치가 공정성을 회손했다며 비판적인 기사를 쏟아냈다. 그러나 사실 이 조치의 문제는 공정성 훼손에도 있겠지만, 더 큰 문제는 불확실성을 없앴다는 점이었다. 유명한 가수는 떨어질 일이 없겠다는 예측이 되기 시작한 것이다. 갑자기 최종 결과가 시시해져 버린다. 극적인 장면으로 인해 감동을 받는 것이 아니라 교묘하게 사전에 연출된 것으로 오해를 받게 된 것이다. 이 때문인지 정말로 PD가 교체되었고, 최고의 시청률을 자랑했던 이 프로그램은 더 얼마 가지 못하고 중단되고 만다.

즉흥연주

음악을 들을 때, 이미 녹음된 음악을 듣는 것과 실시간으로 바로 앞에서 듣는 것에는 커다란 감동의 차이가 있다. 실시간 음악이 훌륭한 것은 바로 지금 여기 함께 있다는 것을 지각한다는 점 때문일 것이다. 사실 기계를 통해 흘러나오는 노래가 저 가수가 부른 것인지, 기계가 만들어 낸 소리인지 의심할 수도 있다. 하지만 내 눈 앞에서 연주가 행해지고 입김이 나는 가수의 호흡을 통해 저것은 리얼타임으로 나와 함께 있다는 것을 느끼게 된다.

두 번째로는 에너지를 느낀다는 점이다. 호흡을 내뱉으면서, 손가락을 현란하게 움직이면서, 현과 활의 마찰을 내면서 뿜어져 나오는 소리가 초속 360m의 속도로 날라와서 내 귀 속 고막과 부딪히는 그 느낌은 에너지를 전달받은 것 같은 쾌감과 비슷하다.

그런데 그 음악이 준비된 악보와 정말 똑같이 울려퍼진다면(대부분이 그렇지만), 다음에 어떤 멜로디가 나올지 미리 예측하게 된다. 눈 앞에서 확인 가능하다는 점, 그리고 에너지를 느낄 수 있다는 점 이외에는 CD를 통해 듣는 것과 큰 차이가 없을 수도 있다. 그런 차원에서 즉흥연주는 듣는 이에게 말로 형언할 수 없는 또 다른 매력을 준다. 즉흥연주의 매력은 정해진 멜로디가 없다는 것이다. 기분에 따라 느낌에 따라 연주하기 때문에 연주자 스스로도 이 곡이 어떻게 끝날지 알 수 없을 것이다. 연주자와 관객이 그 곡을 예측할 수 없는 불확실성의 상황에 놓이게 된다. 연주자는 지금이라도 연주를 중단할 수도, 클라이막스로 올라갈 수도 있다. 정해진 게 없으니 연주자는 스스로의 직관에 모든 것을 맡기고, 흥에 겨우며, 소위 신명나는 지경에 이를 수 있다. 즉흥을 통해 만들어지는 리듬과 멜로디는 이 세상에 단 하나밖에 없는 새로운 것이다. 그리고 그러한 흐름이 예상 외로 흘러가면서 아름다운 선율을 만들어 내는 순간, 관객들은 감탄하면서 탄성을 지른다. 즉흥연주라는 불확실성이 자연스럽게 새로움을 제공했고, 연주 한 순간 한 순간을 우연적 상황으로 만들어 버리는 것이다. 앞의 사례에서 본 것처럼 우연적 상황은 사람을 집중하게 만들고 의미를 부여하며, 이를 운명으로 생각하게 만든다. 불확실성으로부터 시작하여 운명으로 마감하는 것이 우연의 가장 큰 특성이다.

3 여행에서 나타난 쾌락적응과 불확실성

쾌락적응을 연구한 류보머스키는 쾌락적응을 억제시키는 요인으로 다양성, 신기성, 놀라움, 역동성을 제시하였다. 오래된 연인 또는 배우자와 서로 질리지 않기 위해 무엇을 하면서 쾌락적응을 극복해야 하는가를 연구했는데, 새롭고 다양한 것을 함께 하는 솔루션도 제시하였다. 영화도 보고, 함께 와인도 마시고, 멋진 레스토랑에서 비싼 음식도 먹고, 야구장도 가고…. 그러나 이러한 제안은 실제로 실증연구를 통해 검증된 것은 아니었다.

앞에서 쾌락적응을 실증적으로 규명한 연구들은 대부분 체험구매와 제품구매의 쾌락적응이 일어나는 현상을 비교한 것이었다. 그리고 그 쾌락적응의 억제에 불확실성이 유의미한 영향을 미칠 수도 있다는 것이었다. 그런데 이러한 연구들은 모두 실험법에 의존한 것이었다. 실험법은 실제가 아니라 실제와 비슷한 아주 심플한 상황을 만들어 놓고 그 결과를 유추하는 것이다. 예를 들어, 불확실성이라고 하는 것도, 대학 도서관 앞에서 기프티콘을 불시에 제공하고, 왜 누가 줬는지 모르게 한 집단과 사전 예고 후 선물을 받게 된 사유를 설명하면서 기프티콘을 제시한 집단을 나누어 그 행복감을 측정한 비교하는 실험이었다.

인간이 하는 활동 중 가장 재미있으면서 의미가 높은, 그래서 가장 높은 행복을 제공하는 활동인 여행60을 대상으로 쾌락적응에 대한 연구를 진행해 보고자 하였다.

🧘 체험 전후의 행복 수준 변화, 그리고 기억

　이를 위해 먼저 여행을 가기 15일 전과 여행 직후, 그리고 여행 후 15일, 여행 후 30일에 행복 척도인 삶의 만족도를 측정하였다. 그리고 여행 전후 행복감이 어떻게 변화하는지 살펴보았다. 해외여행을 다녀온 20~30대 225명의 사람들을 대상으로 실시간으로 측정해 보니, 재미있는 결과가 나왔다. 여행을 하게 되면 당연히 여행을 떠난 현지에서 행복해진다고 생각하는데, 이미 여행을 가기 전부터 삶의 만족도는 4.51점으로 높아져 있었던 것이다.•

　그런데 여행을 가서는 행복 수준의 평균이 4.47점으로 낮아졌다. 물론 통계적으로는 유의미한 차이는 아니었기 때문에, 여행 전과 여행 직후의 차이가 있었다고는 볼 수 없다. 단지, 훨씬 더 오를 것이라고 생각했는데, 여행 가기 전과 비슷한 수준이었다는 것은 다소 놀라운 일이다. 여행이라는 것이 일탈을 통한 자유와 해방감을 느끼는 활동이지만, 막상 현지에 가면 덥기도 하고 춥기도 하며, 언어가 통하지 않아 먹기 싫은 음식을 먹어야 할 때도 있다. 파업으로 꼭 타야하는 기차를 놓칠 수도 있다. 가끔은 고생도 하고 창피도 당한다. 감동과 짜증이 공존한다. 그래서 여행은 가서가 아니라 가기 전이 훨씬 좋았다고 얘기하기도 한다. 세상일이라는 게 대부분 그런지도 모르겠다. 어렸을 적 그렇게도 설레

• 사실 이 연구에서 225명의 평소의 행복 수준은 측정하지 못하였다. 그러나 OECD에서 조사한 우리나라 20~30대 평균적인 삶의 만족도가 4.06점이다. 이 수치를 대입하여 비교해 보면 꽤 높은 수치라는 것을 짐작할 수 있다.

게 하던 소풍, 행여나 비가 올까 걱정도 하면서 기다리던 그 1주일이 더 행복했을지 모른다. 막상 당일이 되어 소풍이 시작되면 정신 없이 지나가 버리고 금방 다시 현실로 돌아와 버리기 때문이다. 그리고 다시 내년 소풍을 기다릴 것이다.

그 다음으로 여행을 다녀온 지 15일 후에 측정을 했는데, 한 2주 정도가 지났음에도 행복 수준이 오히려 올라간 4.49점이 되어 있었다. 물론 이것 역시 통계적으로는 유의미하지 않았기 때문에 상승한 것이라고는 할 수는 없지만, 어쨌든 차이가 없었다는 것만은 확실하다. 쾌락적응 이론에 의하면 여행으로 인하여 평소보다 상승했던 행복 수준이 2주가 지났으니 하락했어야 맞는데, 오히려 비슷한 수준이 되어 버린 것이다. 심리학자들은 오히려 이것이 매우 자연스러운 현상이라고 말한다. 체험이라는 게 원래 그렇다는 것이다. 사람들과 상호작용을 통해 얻어진 체험은 매우 끔찍한 사

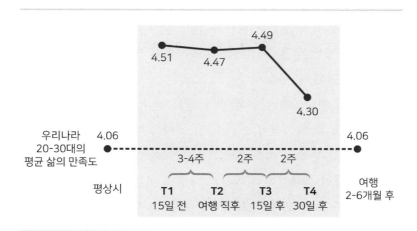

여행 전후 삶의 만족도의 변화

그림 2-3

건이 일어나지 않는 한, 대부분 긍정적으로 기억된다는 것이다.

이것을 학술적으로는 장밋빛 추억(Rozy retrospection)이라고 부른다. 원래 당시의 상황보다 훨씬 더 아름답게 기억하게 되는 것이다. 체험은 감정적 기억을 왜곡시킨다. 스트레스 받으면서 도저히 버티지 못해 직장을 그만 둔 뒤, 10년이 지나 다시 당시의 사람들을 만나게 되면 이상하게도 이전에 내가 왜 스트레스를 받았는지 기억이 나지 않는다. 옛날 그 사람들이 그냥 너무 반가울 뿐이다. 그러니 여행에 대한 기억은 말할 것도 없다.

✈ 여행이라는 체험은 행복을 얼마나 지속시키는가

이번에는 여행 후 30일이 지난 시점에서 측정을 해 보았다. 여행 후 2주가 지나도 하락하지 않던 행복 수준이 4주가 지나면서 통계적으로 유의미한 하락을 보인다. 그러나 4.30점으로 원래의 행복 수준인 4.06점보다는 확연히 높은 점수다. 한 달이 지나도 상승한 행복 수준이 원래대로 돌아오지 않았다는 것 역시 중요한 의미를 가진다.

기존에 진행되었던 여행 후에 행복 수준의 지속에 관한 연구에서도 여행 후 행복감이 약 4주 정도 지속된다고 제시하고 있다. 그러나 그 논문들은 이를 해석하는 방식이 조금 달랐다. 어차피 여행이 끝나면 행복감이 사라지기 때문에 여행은 덧없다는 식으로 마무리한 것이다. 그러나 오히려 반대가 될 수도 있다. 대부분 특정 이벤트로 인해 상승한 행복 수준은 쾌락적응에 의해 바로 사라지는데, 무려 4주 이상이나 행복 수준이 상승한 상태에서 지속됐다면 꽤나 괜찮은 거 아닌가? 특히 여행을 가기 전부터 설렘으로 행복 수준이 상승된 것을 감안하면 최소 2달 이상 행복 수준이 평소보다 높은 상태에 있었다고 볼 수 있다. 특정 이벤트가 1년의 6분의 1이라는 긴 시간을 높은 행복 수준에 있게 한 것이다. 학자들은 평균적으로 4주 정도 지속되지만, 여행의 동기나 의미, 개인 특성에 따라 3개월 이상 지속되는 경우도 있다고 했는데, 그렇다면 더더욱 여행은 인간의 행복에 큰 행복을 선사하는 것이 된다.

🧑 쾌락적응과 불확실성의 관계 실험

여행을 하니 행복 수준이 상승하고, 또 상승한 행복 수준이 오래 지속되었다. 그렇다면 여행이라는 체험 안에는 쾌락적응을 억제하는 어떤 힘이 존재한다고 볼 수 있다. 그리고 만일 쾌락적응 억제에 영향을 준 요인을 알아낸다면, 그 요인을 중심으로 설계된 여행은 쾌락적응을 억제함으로써 행복감이 오래 지속되는 효과를 생산할 수 있을 것이다.

심리학 문헌에서는 앞서 언급한 바와 같이, 쾌락적응을 억제시키는 요인은 불확실성이라고 일관되게 제안하고 있었다. 그러나 여행이라는 체험에 불확실성을 대입시키는 것은 좀 어색하다. 불확실성은 아무래도 긍정적인 느낌보다는 부정적인 느낌이 강하기 때문에, 긍정적인 불확실성의 의미를 가지면서 동시에 여행의 특징을 잘 나타내는 개념으로서, 가장 적합한 것은 우연이었다. 또한 체험 전에 설렘 가득한 기대감(expectation) 역시 쾌락적응을 억제할 수 있다는 연구도 있어, 우연과 불확실성이 쾌락적응에 어떤 영향을 주는지 분석을 해 보았다.

　　연구 결과, 여행 중에 예상치 않았던 사건을 접하거나, 우연히 사람들의 호의를 받거나, 정말 운 좋은 일을 경험한 일이 많을수록 행복 수준도 높았고, 무엇보다 그 행복감이 오랫동안 지속되었다. 또한 기대감 역시 우연(세렌디피티)을 매개하여 간접적으로 행복 수준이 하락하려는 경향에 마이너스의 영향을 미치고 있다는 것이 실증적으로 검증되었다.

　　이러한 결과는 다시 말해서, 여행을 가기 전에 많이 설레고, 또 여행 중에 우연을 많이 접하게 되면, 여행 후 행복해질 뿐만 아니라, 그 높아진 행복 수준이 상당히 오래 지속된다는 얘기가 된다.

　　여행을 한다고 모두가 같은 패턴으로 여행하는 것은 아니다. 여행을 가는 목적에도 휴양시설에서 편히 먹고 쉬려는 사람이 있는가 하면, 뭔가 원주민들과 소통하면서 뭔가 배우러 떠나는 사람도 있다. 패키지 여행으로 가이드의 안내를 받으며 편하게 이동하는 사람도 있고, 오지 탐험을 통해 고생을 사서 하는 사람도 있다. 분명, 최고급 리조트에서 편하게 휴식을 취하는 여행도 소중한 여행이고, 가이드 안내를 받는 패키지 여행도 좋다. 단지, 어떤 여행이 행복 수준을 오래 동안 유지시켜 주는지 이 연구는 시사점을 제공하고 있다. 아주 좋은 여행이었지만 여행 후 잘 기억나지 않는 여행이 아니라, 오랜 시간이 지나도 마음 속에 생생하게 느껴지는 그런 여행을 꿈꾼다면 어떻게 해야할지 이 연구는 시사점을 제공하고 있다.

　　나아가 우리의 삶 역시 마찬가지다. 하루하루 어떻게 사는 삶이 행복 수준이 높아지고, 오랫동안 높아진 행복 수준이 오래 유지시켜 주는지에 대해서도 방향성을 제공하고 있다고 할 것이다.

우리는 왜 여행을 할까?

한국경제
2019.06.02

이훈 한양대 관광학부 교수

관광 인구가 매년 급속히 증가하고 있다. 작년 우리 국민 2,800만 명 이상이 해외여행을 했다. 해외에서도 1,500만 명 넘는 관광객이 한국을 찾았다. 유엔 세계관광기구(WTO)는 2018년 전 세계에서 약 14억 명이 여행했으며 2030년에는 약 18억 명으로 증가할 것으로 예측하고 있다.

왜 이렇게 많은 사람이 여행을 할까. 심리학자들은 여행이 행복감을 높여 주기 때문이라고 한다. 실제로 2017년 문화관광연구원 자료에 따르면 1단위 여행 횟수가 늘어나면 삶의 만족도는 0.03단위 증가하며, 1단위의 여행 만족도가 증가하면 삶의 만족도를 0.46단위 높여 주는 효과가 있다고 한다.

그럼 어떤 여행이 행복감을 높여 줄까. 여행의 행복감을 측정해 보았더니 여행 전이 가장 높게 나왔다. '설렘'과 같은 여행에 대한 기대가 이미 사람을 행복하게 만드는 것이다. 한 학술 발표에서는 실제로 여행 계획을 세우는 것만으로도 행복감이 높아진다는 연구 결과가 제시됐다(고은지·김명일·김종석·박민정·박준희, 2017년). 여행하는 중 사람들의 행복감을 높이는 요인으로는 '새로움', '우연성', '즉흥성'과 같은 현장의 비예측적 상황들이 긍정적 효과를 줄 때 행복감이 높아졌다(권장욱·이훈, 2016년).

여행 중 우연히 걷다가 들른 골목길 식당이 의외의 맛집일 때, 낯선 벼룩시장에서 내가 원하던 물건을 저렴하게 구입했을 때, 언어가 안 통하는 곳에서 길을 잃었지만 친절하게 안내해 준 현지인을 만났을 때 우리의 여행 행복감은 더 높아진다. 여행 후에도 이런 행복감은 유지되는데, 연구에 따라 다르지만 우

행복한 여행의 조건, 우연과 불확실성

리나라 사람을 대상으로 한 연구에서는 약 30일 동안 높은 상태를 지속했다.

여행 후 행복감이 완전히 사라지는 것은 아니다. 사진을 통해 또는 소셜네트워크서비스(SNS)에 남긴 기록과 글을 보며 '회상'이라는 과정으로 되살아나기도 한다. 그때 즐거웠던 상황을 떠올리고 그때 기분으로 돌아간다. 여행의 행복에는 '소확행'으로 불리는 소소한 여행의 행복도 있고, 성찰을 통해 인생의 전환을 가져오는 큰 행복도 있다. 아무튼 우리는 여행을 통해 행복해질 수 있다.

행복한 여행을 지원할 수 있는 방안은 무엇일까. 그동안 우리 관광 정책은 외래 관광객을 많이 유치하는 것이 주요 목표였지만, 이제는 국민을 위한 여행 지원 정책에도 중점을 둬야 한다. 내·외국인의 출국세 등으로 적립한 '관광개발진흥기금'을 국민의 여행 행복을 위한 기금으로도 활용할 필요가 있다. 궁극적으로는 '국민여행행복지수'를 개발·측정함으로써 행복한 관광을 국가적으로 경영하는 더 적극적인 정책도 필요하다. 국민의 행복을 높이는 것은 국민이 가장 하고 싶은 활동인 여행을 지원하는 정책일 것이다.

4 행복감이 오래 지속되는 여행*

우연과 불확실성이 여행에 대한 행복 지속에 영향을 미친다는 것을 실증적으로 증명한 연구를 소개했는데, 데이터에 기반한 정량적인 분석 외에 실제로 여행을 한 사람들을 22명을 대상으로 인터뷰 조사에서도 비슷한 결과가 나타났다. 인터뷰 대상자에게 지금까지의 여행 중에서 가장 기억에 남을 정도로 인상 깊었던 여행이나 지금까지도 행복감이 생생하게 느껴지는 여행을 선택하도록 하였다. 그리고 그 여행을 떠나기 전부터 여행을 가서 경험한 것들, 그리고 여행한 이후에 대해서 시간의 흐름에 따라 내러티브 방식으로 이야기 전개를 유도하였다.[61] 연구 결과, 지금까지 행복감이 생생하게 느껴지는 여행에 나타나는 공통된 경험으로는 다음과 같은 것들이 진술되었다.

✈ 설렘

기존의 많은 연구에서도 여행 전의 기대감은 여행 이후에 느끼는 행복감에도 영향을 미친다고 한 바 있는데,[62] 행복감이 오래 느껴지는 여행을 떠올린 사람들 역시 여행 가기 전부터 큰 설렘

● 이번 절은 2016년 관광연구논총에 게재된 논문 행복감이 오래 지속되는 여행체험 분석의
  내용을 이해하기 쉽게 각색함

과 기대감을 갖고 있다고 답변했다. 인생을 살다 보면 그리고 나이를 먹다 보면 설렐만한 일들이 잘 생기지 않게 된다. 그러나 여행은 충분한 설렘을 제공한다. 게다가 많은 사람들이 여행 중이나 여행 후보다 오히려 여행을 가기 전이 더 행복했다고 진술했다. 그들이 진술한 설렘이란 첫째, 일상을 벗어날 수 있다는 즉, 일탈에 대한 막연한 기대라고 할 수 있다. 둘째로는 아직 한번도 가보지 못한 곳에서의 새로운 체험에 대한 동경이다. 이 두 가지가 사람들에게 힘든 일상을 버티고 극복할 수 있게 만드는 에너지를 제공하고 있었으며, 그것이 설렘으로 드러나는 것이다.

🏃 경험해 보지 못한 새로움

인터뷰에 응답한 사람들이 꼽은 가장 기억에 남는, 인상 깊은 여행, 지금까지도 행복감이 생생하게 느껴지는 여행과 관련해서 가장 많이 언급한 것은 '경험해 보지 못한 새로움'이었다. 매일매일 반복되는 일상에서 벗어나 새로운 공간에서 처음으로 접하는 체험은 여행을 통해 느껴진 행복감을 오랫동안 지속시키는 강력한 요인이었다. 경험해 보지 못했다는 것은 지금까지 가본 적도 없지만 알려지지 않아서 자세히 전해 들은 적도 없고, 상상을 초월하는 또는 상상해 본 적이 없는 등의 하위범주들로 구성되었다. 이처럼 새로움이라는 것은 현재 살고 있는 일상과는 다르고, 낯설지만 독특하고 호기심 넘치는 하위범주들로 구성되었다. 이러한 대상과 타지에서 접하게 되면 공통적으로 자극이나 충격, 놀라움, 감탄을 느끼게 된다고 하였다.

- 한번도 가본 적이 없는 곳을 가보았다는 게 거기서 되게 신선한 충격을 많이 받았어요. 자극을 많이 받았어요.
- 근데 왜 좋았냐면은 완전 경험해보지 못한 거 있잖아요. 우스벡은 네이버에 정보가 막 나오는 나라가 아니에요.
- 이탈리아의 베니스에 도착했을 때 상상하지 못했던 광경…. 그런 곳을 볼 수 있었다는 게 너무 신기했어.
- 주택이 띄엄띄엄 있고, 지하가 있는 큰 집, 정말 그 외국같은 느낌, 지하로 들어갈 때의 낯선 느낌.
- 그 당시 로마는 나에게 충격이었지. 뭔가 우주에 온 느낌을 받았어. 그 때 어렸을 때의 충격은….
- 로키산맥에 캠핑카를 타고…. 캐나디안들의 캠핑 문화도 볼 수 있었고…. 그냥 계속 새롭다고 느꼈어요. 내가 처음 보는 거.
- 거리가 너무 아름답다는 거, 베네치아가 섬이 여러 개 있잖아요. 집마다 색깔이 다르고.
- 가우디 건축물의 영향이 컸고, 일단 눈에서 보이는 건물들이, 그냥 건물들도 우리나라와 많이 달라서. 꼬르도바라는 도시가 정말 독특해요. 이슬람 문화가 혼재되어 있고, 건축물도 그렇고.

새로움의 대상은 공간을 구성하는 건축물에 관한 것이 가장 많았으며, 현지인의 생활, 분위기, 날씨 등 다양했다. 왜 새로움에 대한 체험이 쾌락적응을 억제하여 오랫동안 그 감흥을 지속시켜 여운을 남게 한 것일까? 진화심리학자들은 선택적 지각으로 이를 설명하고 있다. 앞에서도 잠시 언급되었지만, 인간은 에너지의 효율적 사용을 위해 외부 정보를 모두 처리하는 것이 아니라 중요하다고 판단되는 것만 선택적으로 지각해 왔다. 따라서 결과를 알 수 있는 새로운 현상에 대해서는 긴장하고 집중하면서 뇌를 활성화시켜 에너지를 높이는 반면, 주기적으로 반복되거나 관습화된 현상들에 대해서는 주의(에너지)를 할애하지 않았다. 그러므로 현실의 세계와 멀리 떨어진 곳에서 접한 새로운 체험은 여행자를 긴장시키기에 충분하며 예상하지 못한 사건이 발생할 가능성이 높으면 일상에서보다 더 강하게 뇌가 활성화되고 감정적인 반응도 높아지기 때문에 그만큼 쾌락적응이 억제된다고 해석해 볼 수 있다.

🚶 의도하지 않은 우연

그 다음으로 많은 응답을 한 것은 의도하지 않은 우연이었다. 사전에 의도하지 않은, 뜻하지 않은, 우연한 상황에서 접한 사건, 만남, 장면은 여행자에게 놀라움과 감동을 주어 강렬한 감정을 느끼게 하기 때문이다. 인터뷰 참여자들은 시간이 많이 지났음에도 불구하고 아직까지 그 잔상이나 여운이 마음속에 남아 있어 뭉클함을 느낀다고 하였다.

낯선 곳에서의 여행 체험은 많은 준비를 하더라도 예상하지 못한 난관을 만나거나 또는 행운의 사건들을 접하기도 한다. 그런데 그러한 사건은 집과 멀리 떨어지고 언어도 통하지 않은 곳에서 벌어지는 것이기 때문에, 긴장감을 수반하며 동시에 감정이 예민해지는 특징이 있다. 이러한 상황에서 접하게 되는 예상 밖의 사건이나 만남, 광경들은 여행자에게 큰 의미를 부여할 수 있다. 여행자들은 이러한 우연적 상황 속에서 극적인 감동을 느끼기 쉽고, 마치 이미 결정되어 있었던 것처럼 운명이라는 확신을 함으로써 그 기쁨은 배가된다.

우연이란 언제 일어날지 왜 그런지 설명하기 힘든 사건으로,

114

사람들은 이러한 우연에 의미를 부여하여 운명이라는 필연으로 전환시키는 과정을 갖는다. 앞서 1장에서 언급한 것처럼 사실 우연이라는 것은 전체의 필연성과 배치되는 각 개체에서 발생하는 것이다. 실존주의자들은 전체(역사)는 필연적으로 진행된다고 할지라도 각각의 부분에서는 불확정적인 다시 말해 확률적인 우연과 선택에 의해서 진행된다고 하였다. 각각의 개체가 일상이라는 틀 속에서 무의미한 반복을 지속하던 중 자신의 의지로 일탈하여 스스로 어제와 다른 차이를 만들어 냄으로써 실존적 자아를 찾아내고, 우연이라는 사건 속에서 자신의 존재에 대한 의미를 되새기는 작업을 하는 것으로 해석할 수 있다.

이러한 기쁨 역시 '경험하지 못한 새로움'에서와 같이 '예상하지 못한'이나 '충격', '자극'과 같은 내용이 공통적으로 발견되었는데 쾌락적응을 억제하여 오래도록 감정을 유지하는 요인에는 기쁨보다 놀라움, 충격과 같은 표현이 더 많이 등장하였다.

- 마침 일본 3대 마츠리인 텐진 마츠리가 있었던 거에요. 예기치 못한 우연한 이벤트가 저를 기다리고 있었던 거죠.
- 독일에서 우연히 경기장에 갔다가 흥정해서 암표를 사서 아우디컵 AC밀란이랑 뮌헨 경기인데 아직도 생생해요.
- 두 번 남편이 여권을 잃어버렸어. 근데 막 미친 듯이 찾았는데 금방 분실물 쪽으로 해서 찾았어.
- 에드먼턴 시내에 있는 공원에서 국가별 페스티벌이 있었는데…. 대한민국을 보니 괜히 가슴이 뭉클해지고.
- 국경에서 환전을 하다가 사기를 당한거에요. 돈뭉치안에 30만원 어치밖에 없는거에요. 우리는 진짜 망했다.
- 특정하게 어느 관광지보다는…. 어디를 이동하면서 관광지와 관광지

사이에서 우연히 본 장면들 풍경??
- 옆에 구석으로 정말 멋있는 광경이 나타난거예요. 그때가 일몰 때였
  는데 정말 예상치 못한 광경이라 기억에 남아요.
- 비 내리는 길이에요. 비도 맞으면서 걷기도 하는…. 근데 마침 지하
  철역에서 연주 공연이 있는 거예요.

의도하지 않는 사건은 긍정적이든 부정적이든 극복하는 과정
에서 스토리를 만들어 내며, 이것을 내러티브로 다른 사람에게 여
행을 설명하는 과정에서 강화되어 기억으로 오래 남는다고 하였
다. 그러는 과정에서 부정적 사건과 경험조차 스토리화되면서 긍
정적으로 추억화되는 경향이 있는 것이다.63

✈ 계획하지 않은 즉흥성

한 가지 또 다른 특징으로 '계획하지 않는 즉흥성'이 있었다.
사전에 철저하게 계획하기보다는 즉흥성을 띠고 있다는 점이 매
우 특이했다. 이 즉흥성은 상기 두 가지 요인 중 의도하지 않은
우연과 경험하지 못한 새로움의 충격을 배가시키는 요인이기도
했다. 또한 긍정적인 우연성은 대부분 즉흥적인 여행을 하는 체험
에서 주로 나타났다.

이러한 성향의 연구참여자들은 주요 목적지와 숙박 정도는
사전에 예약을 하지만 나머지는 그날 그날 상황에 맞추어 유연하
게 일정을 설계하는 특징을 갖고 있었다. 이러한 성향은 20대로
갈수록 더욱 강하게 나타나, 심지어 숙소에 대해서도 사전에 예약

을 하지 않는 경우도 있었으나, 30대 이후부터는 관광지에 대해서는 주요 개요와 이미지 정도만을 습득하고 여행을 진행하되, 숙소에 대해서는 철저히 사전 예약을 통해 수준 있는 곳을 고집하는 특징이 있었다. 그리고 40대 이후에는 점차 가족여행으로 패턴이 바뀌면서 우연적인 속성을 배제하여 여행의 행복감 역시 상대적으로 낮아지는 경향을 보였다. 특히 가족여행을 최고의 여행으로 선정한 연구참여자들은 스스로 여행을 꼼꼼히 사전에 계획하여 즉흥적인 면은 나타나지 않았고, 따라서 의도하지 않은 우연성 역시 위험과 같은 사건 이외에는 잘 나타나지 않았다.

- 계획은 세밀하게 짜지는 않아요. 패키지 여행 같은 거 되게 좋아하지 않아요. 가서 즉흥적으로 뭘할까 하다가 하고, 빽빽하지 않게 지역음식 음식 먹다가, 쉬다가, 보고, 저녁에는 또 술먹고…. 여유 있게.
- 계획은 세우지 않았어요. 같이 간 팀이 있는데, 그 분들이 여기 가자 하면 가는 그런 식이었고.
- 갑자기 바로 예약해서 무작정 떠난거죠. 준비되지 않은 여행에서 준비되지 않은 것을 만나니까…. 남들이 경험하기 어려운 경험을 할 수 있었고, 독특하더라구요.
- 마침 저가항공이 있어서 말레이시아를 갈 수가 있는 거에요. 부산에서 출발하는 싼 티켓으로 가자고 해서 거기서부터 루트가 시작된 거에요.
- 이런 여행의 특징은 즉흥적이라는 데 특징이 있어요. 스트레스로 갑자기 여행을 계획하는 경우가 많더라구요.
- 계획은 절대 타이트하지 않게 여유있게 짜고…. 그런 할 일없이 여유있는 게 좋아요. 하루에 한두 군데 다니는 걸 선호하고. 일본에서는 버스 노선 정도 미리 알아봤었죠.
- 뚜렷한 목적을 가지고 간 게 아니었고 일정도 짜지 않고, 그냥 그

삶을 경험해보는 게 목적이었기 때문에 그냥 백수처럼 먹고 놀고 쇼핑하고 그랬던 기억이 납니다.

관광을 연구하는 학자들은 새로움을 추구하는 여행자들의 경우 사전계획을 철저하게 수립하기 보다는 현지 도착 후 의사결정을 내리는 경향을 보인다고 하면서 연령이 낮을수록 무계획 공간 행동의 확률이 높아질 수 있다고 하였는데 이와 유사한 결과가 나타났다. 또 하나의 패턴은 스스로의 인맥을 통해 알게 된 지인이 숙박을 비롯한 모든 것을 책임지고 안내하는 방식이다. 여행자는 하루하루의 일정을 예측하지 못한다. 단 이 경우 현지인에 의해 안내를 받기 때문에 통제감은 떨어지지만, 현지인들의 일상에 깊이 침투할 수 있으며 현지 사람들과도 자연스럽게 교류한다. 따라서 본인이 여행자라는 느낌이 아니라 현지인에 가까운 느낌을 받게 된다는 장점이 있다.

즉흥적인 여행은 긴장감을 가져오며 때때로 시행착오를 겪어 길을 찾지 못해 헤매거나 예정된 교통편을 타지 못하는 등의 사건이 발생한다. 이로 인해 계획된 여행에 비해 난감한 상황에 봉착하여 고생을 하게 된다. 여행자는 그 상황을 극복하기 위하여 집중하여 해결책을 찾게 되고, 스스로 혼자서 문제를 해결할 경우에는 성취감을 느끼게 된다. 아울러, 즉흥성의 또 다른 특징으로는 사전에 계획을 철저히 하지 않았기 때문에 기대가 낮아진다는 특징이 있었다. 따라서 기대가 낮기 때문에 만족도는 높아지게 된다. 또한 사전 계획 없이 부딪힌 상황들은 모방할 수 없는 특이한 자신만의 체험을 만들어 타인에게 자랑스럽게 내세울 수 있으며, 이 같은 체험은 자연스럽게 자신의 정체성을 구성하게 된다.

PART 3

여행에서 접하는
우연과 **불확실성**

3

여행에서 접하는 우연과 불확실성

CHAPTER 5.
우연 들여다보기

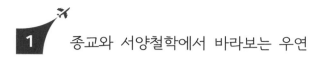

1 종교와 서양철학에서 바라보는 우연

🏃 주역에서 보는 우연

우연성은 동양에서 더 익숙한 개념으로, 일찍이 동양에서는
문제가 닥치면 점(占)을 쳐서 미래를 예견하고 행동 방향을 결정
하곤 했는데, 점(占)이라는 것은 상당 부분 운이라는 우연적 요소
와 관련되어 있다. 이러한 운은 인간의 의지대로 할 수 없는 때와
상황의 부합이며, 이를 체계적으로 정리한 것이 주역(周易)이다.

주역은 주나라 문왕 때 만들어졌다고 한다. 주역이라는 말
자체도 주나라 사람들의 역을 말한다. 역(易)이란 고치다 바꾸다
의 뜻으로 쓰이는데 변화를 의미한다. 주역을 역경이라고도 하는
데, 해석하자면 변화를 중심으로 세상의 진리를 바라본 경서라고
할 수 있겠다. 당시 사람들이 본 세상은 한 마디로 변화하는 무언
가였다. 변화한다는 것은 이 세상 모든 것이 정지되어 있지 않고

운동하고 있다는 것이며, 그 움직임의 출발과 흐름을 연구하여 자연의 이치를 해석하는 수단으로 활용했다. 주역에서는 유물론적인 관점에서 관찰만을 통해 세상을 해석했다. 아침에 해가 뜨고 저녁에 해가 지듯이 각 개체는 탄생을 했다가 죽음을 맞이한다. 이렇듯 각 개체의 생성과 소멸이 반복되는 가운데, 이 우주는 거대한 변화의 흐름을 유지하면서 존재해 나간다.[64]

　　세세한 만물의 변화는 음과 양의 다른 기운이 서로 상호작용을 하면서 대립하고 조화를 이루며 만들어 낸 것으로 해석한다. 따라서 현재 닥쳐온 나의 고난이 과거 전생에서 행했던 무언가의 원인의 결과로 일어난 것이 절대 아니며, 절대적 신의 노여움을 사서 일어나는 것도 아니라고 본다. 또한 지금의 어려움이 영원히 유지되는 것도 아니기 때문에 희망을 가져볼 수 있으며 반대로 벗어나려고 발버둥치는 노력을 한다고 반드시 고난을 면하는 것도 아니다. 단지, 바뀔 수 있는 가능성도 있다는 사실에 희망을 가져볼 뿐이다. 그래서 주자는 "음이 극에 이르면 혼란은 다스려지고 간 것은 되돌아오며, 흉한 것은 다시 길하고, 위태로운 것은 안정을 찾는 것이 천지자연의 운행이다."라고 말한 것은 바로 이러한 특성을 설명한 것이다.[65]

　　주역의 또 하나의 특징은 세상의 특정한 변화에 가치를 부여하지 않는다는 점이다. 봄에서 여름이 되고, 가을에서 겨울로 변화하는 것에 대해 좋거나 나쁘다는 선악의 해석을 하지 않고, 가치를 부여하지도 않는다. 특정 방향을 향해서 발전을 한다거나, 뚜렷한 목적을 가진다고 보지도 않는다. 그냥 스스로 그럴 뿐이다. 가치를 부여한다는 것은 어디까지나 한 시대를 살아가는 인간의 관점이기 때문이다. 주역의 세계관을 취한 주자학은 자연의 움직임에 도덕적인 잣대를 들이대고 당위적으로 해야 하는 과제들을 제시하지만, 원래의 주역은 그렇게 무언가를 당위적으로 가르치려고 하지 않았다.66

주역에서 바라보는 세상 만물의 이치는 우연과 맥을 같이 한다. 우연은 우리에게 길흉이 반복되는 가능성을 제시하며, 현재에 일어나는 수많은 사건들에 초연하게 대처할 수 있는 힘을 준다.

♔ 성리학의 주자(朱子)가 바라본 절반의 우연

중국 송나라 시대에 성리학을 일으킨 주희는 여진족이 일으킨 금나라에게 나라를 빼앗겨 남송으로 쫓겨온 시대적 상황을 개탄하면서, 그 원인을 개인적 안위만을 도모하는 불교가 만연되어 있기 때문이라고 보았다. 다시 유교를 중심으로 사람들이 자신의 본분과 도리를 찾는 시대가 도래해야 한다고 믿었다. 그런데 주희가 사람들에게 유교를 강요하기에는 당위적으로 해야 하는 것만 많았고, 정작 사람들이 궁금해 하는 내용들을 담아 내지 못하고 있음을 깨달았다. 일단 세상이 어떻게 만들어졌고 나는 왜 불행한가에 대한 우주론적인 논리가 부족했던 것이다. 그래서 주자는 존재론을 설명하기 위해 주역의 세계관을 차용한다. 사실 불교는 내가 왜 불행한지는 설명하지만 태초에 어떻게 이 세상이 만들어졌는지에 대한 설명은 부족하다. 주희는 바로 이 지점에서 불교와 차별화를 꾀한다.67

세상이 만들어진 기원에 대해 현대 과학은 빅뱅이론으로 설명한다. 고요한 무의 세계에 어느 날 한 점에서 갑자기 펑하고 폭발이 일어나면서 세상이 만들어졌다는 내용이다. 그럼 폭발은 왜 일어난거지? 현대 과학도 여기에 대해서는 설명을 못한다. 그래서 그 폭발이 일어난 원인을 바로 신의 뜻으로 돌리기도 한다. 그런데 주역에서는 이 질문에 대해 세상이라는 것은 누군가에 의해 만들어진 것이 아니라는 답을 한다. 그들에게 있어 신은 자연인데, 자연은 단어 그대로 스스로(自) 그러한 것(然)이다. 그리고 그러하다는 것(然)은 존재가 아니라 변화를 말한다. 다시 말해 세상은 누군가에 의해 만들어진 것이 아니라 저절로 만들어진 것이다. 서로 다른 기(氣)라고 불리는 에너지의 조합에 의해 끊임없이 움직이고 운동하며 바뀌는 그 자체로 보는 것이다.

그래도 뭔가 무에서 음양의 조화로 세상이 만들어졌다면 그 간극에 어떤 비약을 부르는 힘이 있었을 것이 아니냐고 물을 수 있는데, 주역에서는 무와 유를 같은 것으로 본다. 무라는 개념 자체가 유를 전제로 생겨난 개념이기 때문에 절대적인 무란 오히려 존재할 수 없다는 것이다. 그래서 무에서 유로 전환된 세상의 탄생 그 자체에 대해 전혀 의미를 부여하지 않는다. 오히려 착각이라는 것이다.68

주희는 이러한 주역의 세계관으로 세상이 만들어지고 운행하는 이치를 설명했지만 결국 유교의 핵심인 인간으로서의 도리를 규율로 만들었다. 그것들이 원리주의로 강요되면서 일종의 종교화가 되었고, 주역의 세계관과는 다른 원칙주의 사회 시스템을 만들어냈다. 그것이 우리나라에서 더욱 더 강압적인 교조주의로 치달으면서 조선사회는 점점 경직되어 갔던 것이다.

🔅 불교에서 바라보는 우연

당나라 때 중국으로 유입되어 송나라에 이르기까지 선풍적인 인기를 끌었던 불교는 우리나라에서도 삼국시대부터 고려시대까지 우리나라를 대표하는 종교였다. 불교가 이렇게 중국과 우리나라에서 선풍적인 인기를 끌었던 이유는 대중화에 힘쓴 부분도 있었지만, 무엇보다 불교에서 제시하는 교리의 인과관계가 명확했기 때문이다. 일반 민중들이 살면서 가장 궁금한 것은 바로 지금 내 인생은 왜 이렇게 힘들고 꼬이는지에 관한 것이다. 누군가 속 시원하게 좀 설명해 줬으면 한다.

공자, 맹자로 대표되는 유교에서는 이 부분을 명확히 설명하지 못하였다. 한나라 때 잠시 번성했던 유교가 송나라에 들어와 자취를 감추었던 이유는 일반 민중들의 궁금증에 대해 명확히 설명하지 못하였기 때문이다. 유교는 그냥 영문도 모르고 무조건 충과 효를 가르치고 어려운 인과 선에 대해 실천을 강요하는 규범적 종교이기 때문이다.

불교에서는 윤회사상에 기반하여 전생에 선한 행동을 하지 않았기 때문에 현생에서 고통스러운 것이라고 그 원인을 진단한다. 명확하고, 이해도 잘 된다. 그리고 동시에 이 고행이 영원히 계속되는 것은 아니라고 한다. 앞으로 또 행복한 다른 생명체로 태어나려면 지금 이 생에서 선한 행동을 많이 하라고 대안까지 제시한다. 과거에서 현재에 이르게 된 인과관계를 모두 설명하고, 이어서 미래까지 내다보면서 해결책을 제시하니 빠져드는 것이다. 심지어 선한 행동을 하지 않으면 지옥에 간다는 스토리는 피부에 와닿으면서도 매우 구체적으로 제시된다. 지옥에서 염라대왕에게 가는 프로세스와 각 단계별 형벌의 종류는 너무나 정교하고, 그 스토리가 생생하기 때문에 사람들은 공감한다. 지금도 인과응보라던가 사필귀정, 권선징악과 같은 필연성에 근거한 사자성어를 은연 중에 진리라고 믿게 되는 것도 이러한 이치다. 사람들은 누구나 원인을 궁금해 한다. 그리고 그 원인을 알게 되면 마음이 편안해진다.

이처럼 불교의 세계관은 기본적으로 연기론(緣起論)에 기인하고 있다. 원인이 있고 결과가 있다는 것이다. 이와 관련된 유명한 이야기가 바로 '옷깃만 스쳐도 3천 겁의 인연'이라는 말이다. 한 겁은 하늘과 땅이 한번 개벽한 때로부터 다음 개벽할 때까지의 무한히 긴 시간인데 여기에 3천을 곱하니 더더욱 엄청난 시간이다. 지금 이 생에서 사람들과의 인연은 전생에서 셀 수 없이 오랜 시간 동안 맺어오면서 만들어 낸 드라마의 후속작이라는 논리이다. 따라서 현재 우연히 발생한 미세한 움직임조차도 전생의 원인에 대한 결과 즉 필연이라는 관점에 서 있다.[69]

🏃 기독교에서 바라보는 우연

기독교는 유일신을 믿으며 세상을 신이 창조했다고 본다. 게다가 예정설에 의하면 과거뿐만 아니라 미래도 이미 신에 의해 대부분 각본이 짜여져 있다는 세계관에 입각하고 있다. 따라서 이러한 세계관에서 세상은 필연의 연속이며 선과 악이 명확하게 구분된다. 우연이 설 자리는 없다고 봐야 한다. 그러나 기독교 자체가 이러한 필연적 세계관에 있음에도 불구하고, 성경을 읽다 보면 우연과 관련된 내용들이 심심치 않게 등장한다.

예를 들어, 전도서 9장 11절을 보면, "내가 세상을 살펴보니 빨리 달리는 사람이라고 해서 경주에서 언제나 일등을 하는 것은 아니며 강하다고 해서 언제나 전쟁에서 승리하는 것이 아니다. 지혜로운 사람이라고 해서 언제나 생활비를 많이 버는 것이 아니며 총명한 사람이라고 해서 언제나 부를 얻는 것도 아니고 유능하다고 해서 언제나 높은 지위를 얻는 것이 아니다. 이것은 사람에게 뜻하지 않은 일이 일어나기 때문이다."라고 말하고 있다. 원인에 의해서 모든 결과가 발생하는 것이 아니라, 우연에 의해 인과관계가 맞지 않는 경우가 발생하고 있음을 간접적으로 설명하고 있다. 물론 이 구절은 자만하지 말고 신을 섬기라는 의도가 더 강하다고 할 수도 있겠지만, 신이 인간의 자잘한 일상에 모두 관여하지 않는다는 의미로 해석할 수도 있겠다.

누가복음 13장 4절에서는 실로암에서 망대가 무너져서 열여덟 사람이 죽었는데, 이것이 다른 사람들보다 죄를 더 많이 지었기 때문에 그런 것인지를 묻고 있다. 예수님은 그 사람들이 죽은 이유는 망대가 무너질 때 하필 그 밑에 있었기 때문일 뿐, 죄가 있어서 죽었다거나 하느님이 정하신 것이 아니라고 말씀하셨다. 이것 역시 자만하지 말고 회개하라는 의도로 말씀하신 것이기는 하지만, 이 구절 역시 하나님이 우리 개인의 하루하루 사건들까지 모두 다 의도를 갖고 조정하는 것은 아니라는 것을 알 수 있다.

✈ 철학사에서 우연의 위치

그리스 시대 이후 서양철학에서는 진리를 파악하는 데 있어 필연성에 초점을 맞춘 사고관이 지배하게 되는데, 그 이유는 진리라는 것은 언제나 변하지 않는 동일성을 가져야 하기 때문이었다. 플라톤이 이데아를 제시한 것도 진리는 절대적으로 변하지 않는 완벽한 것이어야 한다는 가정 때문이며, 아리스토텔레스가 부동의 동자라는 개념을 제시한 것도 어떤 유(有)를 설명하기 위해서는 반드시 또 다른 유(有)가 있어야 한다고 믿었기 때문이다.70

이후, 경험론의 토대가 마련되던 18세기에 들어와 데이비드 흄은 당시까지 서양철학의 관념론에서 가장 중요한 토대가 되는 인과론에 대해 회의하면서, 필연적이라는 것은 없으며 습관에 의해 귀납적으로 확립된 개연성에 불과하다고 하였다. 이와 같은 회의에 대한 반론을 제기하기 위해 고민하던 임마누엘 칸트는 진리란 객관적으로 존재하는 것이 아니라 시간과 공간이라는 사고의 제약 속에서 인식될 뿐이라는 코페르니쿠스적 발상의 전환을 통해 이 문제를 정리하였다. 칸트는 인간이라는 주체가 현상을 인식할 수 있는 것은 선험적 감성과 선험적 오성이 있기 때문이며, 특히 선험적 오성에 의해 인간은 현상을 양, 성질, 관계, 양상에 관한 12가지 범주에 따라 파악한다고 하였다. 이 중 양상이란 가능성, 현실성, 필연성, 우연성으로 구성되는데, 칸트는 우연적인 것들이 모여 계열을 이루고 이것이 극단적으로 나가면 무제약적 필연성으로 나아간다고 하였다.71 이처럼 칸트 역시 우연의 존재를 필연으로 인식하고 있었으며, 그 인식의 토대에는 동일률이 있었다.

필연이냐 우연이냐 하는 주제는 바로 양상론이라는 이름으로 철학의 기본적인 주제가 되어 왔는데, 주로 현실성과 가능성의 구도로 설명되어 왔다. 라이프니츠는 식별 불가능자 동일성 원리와 우연 속성의 개체성 원리가 모두 존재한다고 하였지만, 기본적인 틀은 동일률과 충족이유율에 기초하고 있기 때문에, 개인의 삶이라는 것도 우연이 아니라 거룩한 타자에 의해 창조된 것으로 보았으며, 합목적적인 존재로서 파악하였다.

이렇듯 서양에서는 겉으로 드러나는 현상이 아니라 그 속에 감춰진 본질을 찾으려는 무수한 시도를 하였고, 세상을 원인과 결과로 해석했다. 즉 지금 내 눈앞에 보이는 저 현상이 일어난 것은 그것을 유도한 원인이 반드시 있으며, 그것을 찾아내는 것이 철학을 하는 진정한 목적이라고 생각하였다. 스피노자조차도 우연이라는 것은 무지의 도피처라고 하였고, 인간의 이성이 발전에 발전을 거듭한다면 결국에는 그 원인을 모두 밝혀낼 수 있다고 믿었다.

언어적 사유에 의해서 원인을 찾았던 존재론에 대한 탐구는 근대에 들어 철학자로부터 과학자에게로 바톤이 넘어가게 된다. 갈릴레이나 뉴튼은 이 세상의 질서를 수학이라는 언어를 사용하여 정확히 파악했고, 더 나아가 미래를 예측할 수 있었다. 과학의 발전에는 수학도 역할을 했지만, 무엇보다 주목해야 하는 것은 바로 개념의 정의와 가정이었다. 원인과 결과를 정리하려면, 각각의 개념을 명확히 정의할 필요가 있었고, 어떠한 가정에 놓여 있는지를 설명해야 했다. 이게 바로 동양과 서양의 큰 차이다.

동양철학에서는 개념을 정의하는 데 별 체력소모를 하지 않는다. 아니 그보다는 의미가 없다고 하는 것이 맞겠다. 노자가 유일하게 남긴 책인 도덕경의 첫 번째 구절인 '道可道 非常道'에서 알 수 있듯이, 무언가를 언어로 규정하는 순간 그것은 이미 본질과 괴리된다는 것을 경계하고 있다. 도라는 추상적 개념을 도(道)라는 한자를 써서 규정을 하는 순간, 도에 담겨진 수많은 의미와 가능성이 사라지거나, 환경변화에 따른 변화를 수용하지 못하는 교조주의적 오류를 범하게 됨을 경고한 것이다.

세상은 과연 필연적으로 굴러가는 것일까? 모든 현상은 명쾌하게 그 원인을 설명할 수 있는 것인가? 어쨌거나 서양철학은 이러한 개념 규정과 가정을 통해 유클리드 기하학을 만들어냈고, 과학기술의 발전을 가져왔다 하지만, 필연성에 근거한 개념 규정과 가정에 익숙치 않았던 동아시아는 12~13세기 이후 과학기술과 사회 발전 속도가 현저하게 줄어들면서 서양과 역전되었고, 결국 서구열강의 식민지로 전락하는 수모를 당해야 했다.

그러나 이러한 서양적 세계관은 니체로부터 조금씩 부정되기 시작한다. 그는 동일성이 아닌 개체 단위에서 발생하며 오히려 차이가 더 근원적이라고 주장했다. 해체주의 철학자 데리다 역시 '차연'이라는 개념을 제시하며 동일성을 부정했다. 그가 제시한 차연이란 '다르다'와 '지연된다'는 의미를 동시에 가지고 있는데, 언어적 관점에서 특정 개념의 정의를 내리는 것 자체가 다른 언어를 통해 이루어지기 때문에 결국 명확한 정의는 다른 단어들에게 맡겨짐으로써 한 개념의 정의가 또 다른 정의를 계속 낳는 연기(postpone)만이 있을 뿐이라는 것이다. 여기서 한 발 더 나아가 들뢰즈는 차이와 반복을 통해 같음이라는 동일성은 다름의 요소를 제거한 추상에 불가하다고 강조했다. 현대철학으로 갈수록 오히려 필연성이 아닌 우연성에 대한 새로운 가능성을 향해 진전되고 있는 듯 하다.

🧍 양자역학의 관점에서 바라본 우연

　아이러니하게도 이 세상을 필연이 아닌 우연의 관점에서 세상을 해석한 사람들은 철학자들이 아닌 최첨단 물리학자들에 의해서였다. 필연적 세상 전체의 움직임은 1687년 뉴턴이 저술한 『자연철학의 수학적 원리』, 소위 프린키피아로 불리는 책에서 정확히 계산되었다. F＝ma 라는 이 간단한 공식에 세상의 움직임을 담아 내었고, 이를 바탕으로 미래의 움직임도 예측할 수 있게 되었다. 그리고 1905년에는 아인슈타인이 발표한 논문 『운동하는 물체의 전기역학에 대하여』를 통해 특수상대성 이론이 발표되면서 시간 팽창, 동시성의 상대성, 길이 축소와 같은 현상을 짚어내었고, 그는 결국 시간과 공간이 절대적이지 않다는 것을 증명하였다. 이어서 1915년에는 일반상대성 이론을 발표하여 중력이 작용하는 일상 세계에서도 상대성 이론이 적용한다는 것을 밝혀내면서, 전체 우주의 움직임을 설명하는 이론적 토대가 완벽하게 갖춰지게 되었다.

　사람들은 이러한 법칙을 통해 신이 창조한 위대한 원리에 감탄했고, 이러한 법칙은 우주 만물에도 똑같이 적용될 것이라고 믿었다. 이제 이 거시적인 법칙이 미시적인 세계에서도 똑같이 일어난다는 것만 증명한다면 이 세상 모두를 설명하게 되는 상황이었다. 그런데, 미시적 세계인 원자의 내부를 들여다 보던 물리학자들은 깜짝 놀라며 충격에 빠지게 된다. 그곳에서는 뉴턴과 아인슈타인이 증명한 법칙으로는 도저히 설명할 수 없는 이상한 일들이 벌어지고 있었던 것이다.

첫째, 원자의 내부는 원자의 십만분의 일(1/100,000)에 해당하는 작은 크기의 원자핵이 정 가운데에 있을 뿐 나머지는 모두 비어있다는 점이다. 그리고 그 주변을 전자가 열심히 돌고 있었다. 원자가 꽉 차 있다고 생각하는 이유는 바로 전자의 운동 때문이었다. 마치 이 세상은 한낮 허상에 불과하며 결국 아무것도 없다는 불교의 색즉시공과 같은 가르침과도 맞아 떨어진다.

둘째, 원자 주변을 돌고 있는 전자의 움직임은 뉴턴과 아인슈타인의 원리로 설명이 되어야 하는데, 이 전자가 도대체 어디에 있는지, 어디로 움직일지 전혀 예측이 안된다는 점이다. 위치를 알면 속도가 애매하고 속도를 알면 위치를 알 수 없었다. 또한 전자의 특성을 알기 위해 전자를 총으로 벽에 쏘아보니, 평소에는 파동과 같이 흐물흐물한 물결 모양으로 움직이다가, 누군가 관찰을 하면 하나의 총알처럼 입자가 되는 변신을 하고 있으니, 도무지 믿기 어려운 현상이었다.

마치 평소에는 이 모든 것에 다다를 수 있는 수많은 옵션이 있는 가능성으로 존재하다가 누군가 관찰을 하면 그 가능성 중의 하나가 되어 움직인다는 얘기다. 이게 바로 이 세상 그 누구도 완벽히 이해하는 사람이 없다는 양자역학(Quantum Mechanics)이다. 닐스 보어를 중심으로 한 코펜하겐 학파에 의해 집대성된 이 연구 결과에 대해 아인슈타인은 "신은 주사위 놀이를 하지 않는다."고 하며, 마지막까지 이를 부정했다. 상대성 이론과 양자역학을 통합한 중력장 이론이라는 연구에 남은 평생을 바쳤지만 결국 완성하지 못한 채 죽음을 맞았다.

현재까지 양자역학은 지속적으로 발전하여 전자공학이라는 새로운 영역을 만들어냈고, 오늘날의 TV, 휴대폰 등에 적용되면서 인류의 생활을 편리하게 만드는 데 기여했지만, 아직도 전자의 움직임은 예측하지 못하고 있다. 코펜하겐 학파의 가장 유명한 학자인 하이젠베르크(2015)[72]는 입자의 위치와 운동량을 동시에 정확히 측정할 수 없으며, 그 결과는 확률로서만 나타낼 수 있다는 불확정성의 원리로 표현했는데, 지금까지 현대 과학이 밝혀낸 양자역학에 대한 진도는 사실 이 정도에 불과하다.

　이러한 양자역학의 이론은 끈이론, 다중우주론, 홀로그램 우주론으로 다양하게 연구되고 있는데, 우연적 세계관에 근거한 노자의 철학과 상당한 공통점이 있다. 결국 양자역학을 통해 동양과 서양이 하나로 통합되고, 이 세상이 만들어진 비밀이 밝혀지나 싶지만, 그렇게 간단한 일은 아닌 듯하다.

2 학술 연구에서 바라보는 우연*

✈ 세렌디피티

사회과학 분야에서의 우연과 관련된 연구를 보면, 크게 내용 중심의 관점과 과정 중심의 관점으로 분류할 수 있다. 내용 중심의 관점은 우연적 사건의 발생에 관심을 두는 것이며, 과정 중심의 관점은 우연적 사건에 대한 해석 및 대응에 관심을 두는 것이다. 내용 중심의 관점에서 우연을 설명하는 가장 대표적인 개념은 세렌디피티다. 초기에는 주로 경영학 분야에서 기발한 아이디어나 전략적 대안을 얻는 우연한 발견에 초점을 맞추어 연구가 진행되었다. 역사상 위대한 발명이나 발견, 업적 등은 의외로 우연하게 만들어진 것이 많으며, 특정 기업의 성공 역시 우연으로부터 시작된 것이 많기 때문이다. 그 다음으로는 개인의 진로와 관련된 연구도 증가하고 있다. 우리가 고등학교를 졸업하면서 선택하게 되는 대학의 전공이나 대학 졸업 후에 취업하는 업종의 경우, 인생에서 매우 중요한 순간임에도 불구하고, 치밀한 계획과 준비에 의했다기 것보다는 우연에 의해 결정되는 경우가 더 많기 때문이다.

그러나 근본적으로 논리실증주의에 바탕을 두는 사회과학 분

• 이번 절은 2019년 관광학연구에 게재된 논문 『근거이론을 통한 여행자의 우연성 경험 분석』의 내용을 이해하기 쉽게 각색함

야에서 행운의 의미를 갖는 세렌디피티는 주요 연구주제는 아니었다. 원래 세렌디피티라는 단어는 18세기 영국의 소설가인 Horace Walpole의 페르시아 동화였던 Serendip 왕국 세 왕자의 여행 이야기로부터 만들어진 용어이다. 이 동화는 주인공인 세 왕자가 여행 중에 예기치 않은 발견을 통해 인생을 통찰하는 지혜를 얻게 된다는 스토리이다. 즉 세렌디피티 자체가 동화 속의 용어인 셈이다. 그러다가 점차 세렌디피티는 의도하지 않았던 운(fortune)이나 기회(Chance)라는 의미로 사용되어 왔다. 사전에서도 흥미롭거나 가치 있는 물건을 우연히(by Chance) 발견하거나, 타고난 재능, 가치 있고 호의적인 것이나 아직 찾아지지 않는 선물, 우연히(by accident) 또는 찾던 것을 예기치 않게 발견하는 것 등으로 정의하고 있다.73

🕊 코인시던스

이에 반해 과정 중심의 관점에서 접근한 또 하나의 우연 개념으로 코인시던스(coincidence)가 있다. 이 개념은 오히려 사회과학보다는 자연과학 분야에서 더 많이 다루어졌다. 코인시던스에는 다양한 정의가 있지만, The Little Oxford Dictionary(1986)에서는 코인시던스를 '명백한 인과관계(causal connection) 없는 놀라운 사건의 발생'이라고 정의했다. 심리학적 관점에서는 두개 혹은 그 이상의 비슷한 사건이나 패턴이 반복되거나 동시에 일어나는 것으로 정의하고 있다.74

코인시던스의 기본 개념은 바로 정신 심리학자 칼 융이 제기

여행에서 접하는 우연과 불확실성

한 동시성(synchronicity)과 생물학자 캐머러가 연구한 계기성(seriality)에서 출발한다. 동시성은 인과적으로 설명이 어려운 두 가지 이상의 사건이 동시에 발생(occurrence)하는 것이다. 반면, 계기성은 동일하거나 유사한 사물이나 사건이 반복하여 나타나는 경우로서, 이름이나 단어, 만나는 사람, 숫자 등에서도 원인 모르게 발생한다.75 칼 융은 합리적으로 이렇게 설명이 불가능하거나, 인과적으로 연결이 불가능한 꿈과 현실의 모호한 경계, 과거와 현재, 미래의 뒤섞임에 주목하였다. 그는 중용을 비롯한 동양사상에 심취했고, 이어 서양의 심리학과 동양의 사상을 접목시키고자 노력했는데, 그 대표적인 사례가 바로 동시성이다. 그가 동시성에 대한 논문 『동시성: 비인과적 연결원리』를 발표한 것은 1952년인데, 그의 나이 여든 즈음에 발표한 것이다. 앞서 발표된 1919년에 발표된 오스트리아의 생물학자인 파울 카머러의 저서 『연속성의 법칙』에서 많은 통찰을 얻었다고 한다.76

칼 융이 나타내는 동시성 현상은 크게 세 가지로 정리된다. 첫째, 관찰자의 의식상태와 외부의 사건이 동시적으로 일치를 보이는 경우다. 대표적인 사례가 바로 풍뎅이와 관련된 일화이다. 칼 융의 환자가 전날 밤에 황금색 풍뎅이 모양의 장신구 선물을

칼 구르타프 융

파울 캐러머

받았다는 이야기를 하고 있는데, 마침 어떤 벌레가 창문을 톡톡 치는 소리가 들려와, 확인해 보니 그곳에 연푸른 황금색 풍뎅이가 방안으로 날아 들어온 것이다. 칼 융은 풍뎅이를 잡아 환자에게 주면서 "당신이 꾼 꿈 속의 풍뎅이가 여기 있네요."라고 했다고 한다. 이 유형은 동시성에 있어 가장 많이 일어나기 때문에 누구나 자주 경험하는 것들이다. 그리고 경험한 당사자에게 가장 큰 놀람과 충격 또는 경이로움을 준다.

두 번째로는 관찰자의 의식상태와 관찰자의 지각영역으로 들어오지 않는 외부의 사건이 동시적으로 일치를 보이는 경우이다. 1759년 7월 19일, 고센보그의 만찬에 참석한 스웨덴보그라는 사람이 무려 400km나 떨어진 스톡홀름에서 발생한 큰 화재를 보았다며 당시의 상황을 묘사했는데, 정말 똑같은 일이 벌어지고 있었다. 이 유형은 투시나 텔레파시에 가까운데 일반인보다는 특정한 능력을 가진 사람들에게서 나타나곤 한다.

세 번째는 관찰자의 의식상태와 앞으로 일어날 미래의 사건이 일치를 보이는 경우이다. 칼 융이 들고 있는 사례는 예지몽과 관련이 있다. 1920년, 던이라는 사람이 꿈을 꿨는데, 자신이 화산 같은 곳에 서 있었고, 마침 화산이 폭발할 것 같은 느낌을 받아 4,000명의 주민을 대피시키기 위해 뛰어다녔다는 그런 종류의 내용이었다. 며칠 후 던은 신문을 보고 깜짝 놀랐는데, 마르티니크의 화산폭발로 용암이 도시를 휩쓸어 4만 명 이상이 목숨을 잃게 되었다는 사건이다.

여기까지 보면, 코인시던스는 생각보다 형이상학에 가까우며, 신비하기 때문인지 무의식의 영역인 듯하며, 범신론적 사고를 지지할 것만 같다. 또한 물리학의 양자역학에서 잘 이해하기 어려웠던 현상들이 왠지 바로 이 동시성의 개념으로 설명될 것 같은 생각도 든다. 그러나 성급한 추론은 금물이다.

✈ 세렌디피티와 코인시던스의 차이

세렌디피티와 코인시던스의 두 개념을 비교해 보면, '기대하거나 의도하지 않았다'는 점이나 '좀처럼 일어나기 어렵다'는 점, '놀랍다는 점'에서는 비슷하지만, 세렌디피티는 예상하지 못했던 운에 의해 재화가 불어나거나 명예를 얻는 보상이 뒤따르는 의미를 담고 있다.

반면, 코인시던스의 경우에는 세속적인 보상을 반드시 수반하지는 않는다. 동시에 일어났다는 사실 자체에 놀라게 되며, 운명적인 상황에 대해 감탄하고, 일종의 경외감을 느끼게 된다. 성찰을 통해 깨닫거나 스스로 관조적으로 돌아보며 성숙해지는 과정을 거친다는 우연의 특징을 더 잘 반영하고 있는 개념이라고 할 수 있다. 따라서 코인시던스에 대한 연구들을 조금 더 소개하고자 한다.

✈ 코인시던스(우연)를 느끼게 하는 요인

사람들은 일상생활에서 다양한 우연을 경험하게 되는데, 모든 우연이 격한 감정적 반응을 유도하는 것은 아니다. 우연은 크게 단순한 우연과 수상한 우연으로 분류할 수 있는데, 단순한 우연은 놀랍기는 하지만 어쩌다 일어난 것으로서 크게 의미를 부여하지 않는 경우이고, 수상한 우연은 그 의미에 대해 확신을 갖는 경우이다. 후자인 수상한 우연으로서 사람들의 감탄과 경이를 자아내기 위해서는 다음의 조건을 갖추어야 한다.

① 낮은 확률(low probabilities)

기본적으로 우연이란 것은 일어나기 어려운 사건(event)이어야 하며, 사람들은 낮은 확률을 보이는 사건의 발생(occurrence)에 놀라게 된다. 그래서 어떤 학자들은 우연이라는 사건을 설명하는 데 있어 확률의 법칙(Logic of chance)만으로도 충분하다고도 했다.[77] 즉, 우연이 일어날 가능성이 낮다고 생각할수록 그 우연은 더욱 유의미하게 여겨지며, 수학자인 리틀 우드는 백만분의 일의 확률은 되어야 사람들은 비로소 놀랍게 여긴다고 하였다.[78]

② 관련성(relevance)

그렇지만 확률이 낮다고 해서 꼭 우연이라고 하지는 않는다. 예를 들어 어떤 사람이 거리에서 같은 고향 출신인 청년과 우연히 만났다면 이는 매우 낮은 확률이지만, 평소부터 잘 아는 사이가 아니라면 별다른 감탄도 없으며 운명이라고 여기지도 않기 때문이다. 최소한 친한 동문이었던 친구의 아들이라거나, 나와 가까운 친척이라고나 하는 연결고리가 있어야 한다. 그래서 우연적 상황을 충족시키기 위해서 반드시 필요한 개념이 바로 관련성(relevance)이다. 우연이란 당사자와 연관된 일이어야 하며, 이러한 관련성이

높을수록 우연으로 받아들일 느낄 가능성이 높아지게 된다.79

　　이러한 차원에서 관련성이 높다는 것은 내가 아는 사람이나 이웃의 일, 또는 그의 가족 등 자신과 가까운 우연(close coincidence)이라고 하였으며, 특히 그것이 구체적일수록 더욱 인상적으로 다가온다.

③ 예측 불가능(unexpectedness)

　　그 어떠한 우연적 사건도 사전에 미리 알게 되면, 그 감흥이 떨어지기 마련이다. 따라서 우연을 접하고 나서 놀라움(surprise)이 수반되면서 감정적으로 격해지는 근원에는 바로 예측 불가능이 있다고 보았다. 많은 학자들이 우연의 가장 핵심적인 속성을 기대하지 않음(unexpected)에 있다고 하였는데, 사실 예측 불가능은 특정 자극에 대한 감정적 반응을 조절하는 효과가 크다는 점에서 우연을 통한 주관적 행복감을 설명하는 데도 매우 중요한 변수가 된다.80

④ 인과관계

　　The Little Oxford Dictionary(1986)를 살펴보면, 사전적으로 우연은 명백한 인과적 연계 없이 일어나는 놀랄만한 이벤트라고 정의하고 있는데, 실제 우연을 일으키는 가장 중요한 요인은 인과적 연계(causal connection)라는 연구 결과가 가장 많다.81 사실 우연이라는 것은 어디까지나 실제 현상에 대한 심리적인 현상이기는 하지만, 객관적으로 볼 때 무언가에 숨겨진 듯한 현상이라고 전제하고 있는 경우가 많다. 그래서 우연의 가장 중요한 요인은 보이지 않는 원인(unseen cause)이며, 우연적인 사건이 일어나더라도 그인과관계가 너무 쉽게 이해되면 놀라움(surprise)은 사라진다. 우연이란 사실 그 이유(simple reason)를 발견한다면 그리 놀랄 것도 없으며, 이렇게 놀랍게 느껴지는 것은 단도직입적으로 숨겨진 원인때문이라는 것이다.

3 쿠키 슈죠의 우연성의 문제[*]

🚶 쿠키 슈죠는 누구인가

우연성이라는 철학적 문제를 가장 심도 있게 연구한 사람은 일본의 쿠키 슈죠라는 학자다. 21세기를 사는 현대인의 관점에서 볼 때, 그의 삶은 그가 연구한 우연성에 대한 내용만큼이나 흥미롭다. 그는 1888년생으로 일본 도쿄에서 태어났다. 메이지 유신이 일어난 2년 뒤의 시기로, 일본이 적극적으로 서양의 학문과 기술을 받아들이기 시작한 바로 그 무렵이다. 그의 아버지는 문부 관료였으며, 더 이전으로 거슬러 올라가면 그의 선조는 쿠키 수군을 이끌었던 전국시대의 장수였다고 하니 대대로 명문 가문이었음을 알 수 있다.

그런데, 그의 삶은 태어날 때부터 순탄치가 않았다. 그의 어머니가 쿠키 슈죠를 임신한 상태에서 아버지의 부하직원이었던 오카쿠라(岡倉)와 사랑에 빠져 그때부터 아버지와 별거하였고 결국 이혼당하는 사태가 벌어졌다. 이로 인해 쿠키 슈죠는 어머니가 없는 상태에서 자라났다. 그도 왜 자신에게 어머니가 없는지 궁금했을 것이다. 그런데 참 이상한 것이, 무뚝뚝한 아버지가 유전자상의 친아버지라면, 그의 어머니와 사랑에 빠졌던 오카쿠라(岡倉)가 정신적인 아버지 역할을 했다는 점이다. 아버지가 2명인 애매

● 이번 절은 2019년 관광학연구에 게재된 논문 『여행 서사에 나타난 우연성의 양태에 관한 담론(쿠키 슈우조우의 우연성을 중심으로)』의 내용을 이해하기 쉽게 각색함

한 상황 속에서 자라나면서, 그는 자신에 대한 실존적인 고민을 하면서 자랐다고 한다. 도대체 내 아버지는 누구이고, 어머니는 누구이며, 나는 누구지? 아마도 그는 명쾌히 해답을 풀지 못하고 번뇌에 빠졌을지 모르겠다.

그는 머리가 뛰어났던 모양인지, 동경대 철학과를 졸업했고, 바로 국비 장학생으로 선발되어 유럽에서 8년간 유학을 했다. 이 시기가 대략 1910년 전후인데, 일본 정부가 유럽과 미국에 장기에 걸쳐 우수 인재들을 파견한 시기이며, 쿠키 슈죠는 이 제도의 혜택을 톡톡히 보았다. 그는 동양인으로서는 거의 처음으로 유럽의 사회 내부로 들어가 수학한 첫 세대가 되며, 일본의 입장에서는 철학 연구의 선구자적 역할을 수행하게 되었다.

그는 먼저 독일로 건너가 신칸트파였던 하인리히 리케르트를 스승으로 삼고 배웠지만 그다지 만족하지 못했고, 적응에 어려움을 겪었다. 이후 프랑스로 건너가 생철학의 선구자이자 앙리 베르그송을 알게 되어 그로부터 많은 영향을 받았다. 이후 다시 독일로 건너가서 서양 실존주의 철학의 대가인 하이데거에게 실존철학과 현상학을 사사받았다. 그는 일본에서 하이데거 철학을 수용한 최초의 세대이며, 실존이라는 철학 용어를 일본에 정착시킨 장본인으로, 일본학계가 하이데거를 받아들이는 데 큰 공헌을 하였고, 하이데거 역시 쿠키 슈죠를 높게 평가하였다고 한다. 그는 프랑스에서 유학하던 시기에 개인적으로 실존철학자인 샤르트르를 프랑스어 가정교사로 고용하여 프랑스어를 배웠다고 하며, 샤르트르도 이때 쿠키 슈죠로부터 현상학 등 많은 영향을 받았다는 설이 있다.[82]

실존주의 철학의 최고 석학이자 아직까지도 회자되고 있는 하이데거, 베르그송, 샤르트르와 만났다고만 해도 대단한 사건인데, 그런 단순한 관계가 아니라 스승으로서 또는 가정교사로 함께 했다는 사실은 정말 영화 같은 스토리다. 마치 영화 '미드나잇 인 파리'에서 주인공이 갑자기 1920년대로 시간 이동을 해서 헤밍웨이와 피카소를 만나고 친한 친구가 되는 그런 장면과 비슷하다.

유럽에서 공부를 마친 쿠키 슈죠는 일본으로 돌아온 1929년부터 1941년까지 교토대학 철학과에서 데카르트, 베르그송을 중심으로 하는 실존주의, 프랑스 철학과 근대철학사, 현상학을 가르쳤다. 1932년에는 박사논문인 『우연성의 문제』를 집필하여 박사학위를 취득하고 1933년 교토대학의 조교수로 임용되었다.

그는 유럽에서 유학하면서 서양철학을 배웠지만, 오히려 동양적인 미와 문화를 더 동경하게 되었고, 귀국 후 일본의 미의식을 현상학과 같은 서양의 방법론으로 연구하고자 노력하였다. 프랑스에 있었던 1928년에는 8년간의 연구를 집대성하여 시간론이라는 저서를 프랑스어로 출간하였으며, 1930년에는 이키(멋)의 구조, 1935년에 우연성의 문제 등 다수의 저서를 출간하였다.

쿠키 슈죠(九鬼 周造)

저서 우연성의 문제

✈ 쿠키 슈조는 왜 우연을 연구하였는가?

　　쿠키 슈조가 우연성에 관심을 가지게 된 것은 무(無), 비존재에 대한 관심으로부터 시작된다. 언젠가는 죽어 없어질 무(無)에 이르는 현존재로서 각각의 개체들을 바라보는 실존주의의 영향을 받은 쿠키 슈조는 서양철학이 존재라는 유(有)에 대해서만 다루고 무(無)에 대해서는 다루고 있지 않다는 점에 불만이 있었다. 하이데거 철학은 존재란 결국 없어지는 무(無)에 이르는 순간에 이르러서야 비로소 스스로가 존재하고 있다는 개별성(Hecceitas)을 깨닫게 된다는 점을 강조한다. 따라서 적어도 형이상학에서만큼은 존재와 함께 존재를 초월한 무(無)에 해당되는 비존재를 설명해야 한다고 생각한 것이다. 바로 이 무(無), 비존재에 대한 고민이 바로 우연성에 대해 관심을 가지게 된 계기가 되었다. 우연성의 문제는 기본적으로 무에 관한 형이상학적 문제이며, 유와 무의 경계에 있다고 설명했는데, 이 우연성을 철학의 중요한 과제로서 끝까지 추구해야 한다고 하였다. 무(無)를 인식하는 순간 자신의 존재를 깨닫는다는 문구에서 알 수 있듯이, 그의 세계관은 상당 부분 하이데거를 비롯한 실존주의자의 영향을 많이 받았다.83

✈ 우연성의 개념 구조

　　우연이라는 용어는 동양에서는 하나의 단어로 표현되지만, 영어로는 너무나 다양한 용어로 사용된다. 앞서 고찰한 serendipity, coincidence 이외에도 accidence, contingence, chance, happen-stance, incident, hazard, fortune 등이 있다. 그래서 쿠키 슈죠 역시 이 말을 일본어로 번역할 때 조금이라도 차이를 두기 위해서, 플라톤과 아리스토텔레스가 사용한 우연은 '해후'라는 용어로 표현했고, 쇼펜하우어의 우연은 '조우' 또는 '해후', 쿠루노의 우연은 '조우' 등으로 표현하기도 했다. 그렇지만, 그 많은 것에 해당하는 용어를 새로 만들 수도 없어서, 우연의 대체어로는 조우(遭遇) 또는 해후(邂逅)를 주로 사용하였다.

그는 우연이라는 단어를 먼저 한자를 통해 분석했는데, 우연의 우(偶)는 쌍, 짝, 나란히, 만남의 뜻이라고 했다. 본래 우(偶)라는 글자는 사람이 마주 앉음(偶坐)이라는 뜻이다. 두 사람의 짝이 서로 우연히 만나는(접하는) 개념이다. 그래서 배우자라는 단어에서도 우(偶)를 쓴다. 배(配)라는 단어 역시 짝짓다는 의미가 있으니, 우연히 만나는 상대방 중에 한 사람을 짝짓는다는 의미가 되는 것이다. 우(偶)라는 단어에는 가능한 모든 경우의 수를 담고 있다.

이처럼 우연성의 핵심적 의미는 '갑은 갑이다'라고 하는 동일률의 필연성을 부정하는 데 있다고 보았다. 그래서 그는 우연을 갑과 을의 해후라고도 하였다. 서양 철학의 핵심 키워드인 필연은 세상의 모든 것을 칼로 자르듯 명확히 구분하여 갑을 갑으로만 정의해 버리지만, 우연은 갑을 을로도 보고, 병으로도 볼 수 있는 개념이어서, 언제든 새로운 사건들과 서로 마주 보고 앉을 수 있는 가능성을 제공한다. 쿠키 슈죠는 우연성의 개념을 체계적으로 정리하기 위해 먼저 우연성의 반대개념인 필연성을 규정하는 작업을 하였다. 우연성은 결국 필연성의 부정이기 때문에 서양에서 체계화된 필연성의 의미를 명확히 할 필요가 있다고 본 것이다.

서양철학의 필연성은 반드시 그러한 것으로 그 반대가 불가능하다는 의미를 담고 있는데, 반드시 그러하다는 것은 동일성 즉 언제나 변하지 않는 것을 전제로 한다. 또한 동일성은 세부적으로 실체와 속성의 관계, 인과관계, 그리고 전체와 부분의 관계로 정리된다. 그는 이를 바탕으로 필연성을 세 가지로 분류하였는데, 첫째로 개념과 징표와의 관계를 규정한 개념성, 둘째로 이유와 귀결과의 관계를 규정한 이유성, 셋째는 전체와 부분과의 관계에 의해 파악되는 전체성으로 분류하였다. 이를 우연성의 개념에도 그대로 적용하여, 우연성을 크게 논리적 우연성, 경험적 우연성, 형이상학적 우연성으로 분류하였고, 이를 각각 정언적 우연성, 가설적 우연성, 이접적 우연성으로 명명하였다.

♠ 우연의 종류

① 정언적(定言的) 우연(논리적 우연)

논리적 우연에 해당되는 정언적 우연이란 실체성과 속성의 관계에 관한 것인데, 특정 실체가 각 속성들의 결과로 나타나지 않고 우연적 징표를 보이는 것을 말한다. 쿠키 슈죠는 아리스토텔레스의 정의를 빌어 "어떠한 것에 속하는 속성이지만 필연적으로 그런 것도 아니고, 많은 경우에 그런 것도 아닌" 것이라고 설명하였다.

언어적으로 볼 때 정언적 우연은 주어 자체 안에 이미 서술어가 포함되어 있는 경우가 대부분이며, 일반적으로 예외적 우연의 모습을 갖는 경우가 많다. 예를 들면, '여름날씨가 춥다'라던가, '클로버가 네 개의 잎사귀를 갖고 있다'는 것들이다. 여름이라는 개념 자체가 더운 날씨를 의미하는데 특정한 날의 날씨가 여름날씨가 갖는 속성과 다른 경우이다. 클로버 역시 그 단어 자체가 의미하는 것이 세잎으로 구성된 식물을 의미하는데 예외적으로 네잎을 갖는 경우는 그 속성에 해당되지 않으므로 우연이라고 하는 것이다. 정언적 우연이 생기면 우리는 그 희귀성에 대해 놀라고 그 원인을 찾게 됨으로써 '왜 그렇게 만들어졌을까?'라는 가설적 우연에 대해 고민하게 되는 것이다.

② 가설적(假說的) 우연(경험적 우연)

데모크리토스는 이 세상이 원자의 일탈로 인해 발생하였고, 노자 역시 이 세상은 기(氣)의 이합집산으로 인해 자발적으로 생성하였다고 보았다. 진화론자들도 긴 시간에 걸쳐서 우주의 진화과정에서 적응을 위한 몸부림을 통해 수많은 법칙들이 만들어진 것이라고 보았다. 이러한 관점에서 보면 법칙적 필연성이라는 것 안에도 우연의 가능성은 존재한다. 아직까지 우리는 왜 우주가 이렇게 존재하는지, 나는 왜 이런 존재로 태어났는지에 대해 명확히 설명할 수 없다. 그냥 우연일 뿐이다. 따라서 엄격한 의미의 우연이란 인과론적 메카니즘을 찾아내지 못할 때 성립하는 개념이며, 이러한 상황에 대해 우리는 일종의 경외감을 갖게 된다. 가설적 우연은 바로 이러한 특징을 반영하고 있다. 앞선 정언적 우연이 실체성과 속성에 관한 것이라면 가설적 우연은 원인이나 이유, 목적과 관련된 것이다.

가설적 우연의 특징

표 3-1

구분	내용	비고
이유적 우연	둘 이상의 이유 없이 공통점을 갖는 사실	인식
인과적 우연	원인 모르게 독립된 둘 이상의 사건이 조우한 사건	경험
목적적 우연	의도했던 당초의 목적과 다른 사건과 조우하는 사건	경험

쿠키 슈죠는 쇼펜하우어와 라이프니츠의 기준에 근거하여 가설적 우연을 이유적 우연, 인과적 우연, 목적적 우연으로 분류했다.

이유적 우연　　　이유적 우연은 둘 이상의 관계에서 필연적 관계는 아니지만 적극적인 관계가 목격되는 것을 말한다고 하였다. 예를 들어 아르키메데스의 수치인 31/7을 소수로 나타내면, 3.142857142857… 이라는 순환소수가 만들어 진다. 142857이라는 숫자가 계속해서 반복되는 것이다. 사실 이러한 숫자가 반복되는 원인은 하나의 현상을 십진법이라는 방식으로 표현하는 과정에서 나타난 우연에 불과하며 특별한 이유가 존재하는 것이 아니다. 그러나 우리는 이러한 결과에 대해 특별한 의미를 부여하며 주목하게 된다. 또 다른 예로서, 함께 어울리는 친한 친구 4명의 이름 획수가 우연히 18회로 일치하는 경우이다. 사실 각각의 이름이라는 것은 나름 그 글자에 담긴 의미를 생각하며 만든 것이며 그 획수를 계산하여 만든 것은 아니다. 따라서 코키오(行雄)이라는 이름과 히사요시(久徵) 라는 이름 사이에는 특별한 필연적 관계는 없다. 이처럼 획수가 18회라는 것은 적극적으로 목격된 우연이 되는 것이다. 우리는 이러한 결과에 대해 별도의 의미를 부여하여 감탄하기도 하고, 또 인공적인 이유를 부연하기도 한다.

때로는 이러한 실마리를 통해 뭔가 엄청난 논리적 필연 관계를 도출하는 경우도 있다.

인과적 우연   인과적 우연은 둘 또는 둘 이상의 사건 사이에 인과성 이외의 관계가 존재하는 것을 적극적으로 목격하는 경우이다. 예를 들어 지붕에서 기와가 떨어져서 처마 밑에서 구르고 있던 고무풍선에 맞아 터지는 사건이 발생했다면, 지붕에서 기와가 떨어진 것은 지붕이 낡았거나, 또는 바람의 힘에 의해 밀렸거나 하는 나름의 원인을 동반한 결과일 것이다. 고무풍선 역시 최초에 바람에 의해서 또는 어떤 생명체의 물리적 힘에 의해 이동을 하게 되었고 이후 고무의 탄성과 풍선의 구면과 지면의 경사 등의 운동법칙에 따라 굴러왔을 것이다. 이렇게 인과 계열을 달리하는 독립된 두 사건이 한 공간 한 시간에 조우하는 것이다. 각각의 사건은 왜 일어났는지 설명할 수 있으나, 왜 이 두 사건이 하필 한날 한시에 한 공간에서 일어났는지는 필연성에 의한 인과 관계로 설명하기가 어렵다. 앞의 사례에서 예수님께서 무너진 기둥에 다친 것이 하나님의 뜻이 아니다라고 한 것도 이런 의미가 아닐까 생각해보게 된다.

목적적 우연   나무를 심기 위해서 구멍을 팠을 때에 땅 속으로부터 보물이 나왔다고 하는 것 같은 경우이다. 이 경우 나무를 심는 것이 목적이었고 보물을 얻는 것은 목적 속에 포함되어 있지 않았기 때문에 보물을 얻는 것을 우연이라고 한 것인데, 사실 여기에는 나무를 심기 위해 땅을 판 의도가 하나 있고, 이와 별도로 도적이나 또는 누군가가 땅 속에 보물을 숨겨 둔 행동이 있었던 것이다. 이 두 사건이 우연히 만난 것인데(동시는 아니다), 이 두 계열 사이에는 같은 목적성은 없지만, 어떠한 관계가 성립되었다고 할 수 있다. 쿠키 슈조는 일상생활에서 우연이라고 하는 것은 대부분 목적적 우연이라고 하였다.

또 다른 예로는 특정인을 A라는 사건으로 소환했는데, 취조를 하는 과정에서 오히려 B 사건에 매우 깊게 관여되어 있다는 것이 발견되는 경우도 목적적 우연이라고 할 수 있다. 결국 목적적 우연은 당초에는 목적으로서 성립되어 있지 않았으나, 목적으로서 얻을 수 있을 만한 다른 것과 접한 경우를 말하는 것이다.

③ 이접적(離接的) 우연(형이상학적 우연)

이접적 우연은 전체와 부분의 관계에 관한 것으로 형이상학적인 성격을 띠고 있다. 그래서 좀 어렵다. 먼저 전체라는 것은 절대적인 동일성을 가지는데 반해 부분은 부분이라는 성격 그 자체에 의해서 절대적인 자기동일성을 상실하게 된다. 부분은 전체를 구성하는 일부이기 때문에 이 부분과 저 부분은 서로 다를 수 있다. 따라서 전체는 항상 동일하며 따라서 필연적으로 설명이 되지만, 전체를 설명하는 부분이라는 것은 그렇지만 않다는 것이다. 이처럼 전체 안에 포함되어 각 부분으로서 나타나는 우연을 이접적 우연이라고 한다.

예를 들어 물은 액체와 고체와 기체로 나뉘는데 액체로서의 물은 고체도 될 수 있고 기체도 될 수 있기 때문에, 전체인 물에 대해서 우연성을 갖게 된다. 또 다른 예로 사랑하는 여인을 매일같이 만나고 싶었지만, 우연히도 한 달 넘게 만나지 못했다면 전체로서의 일 년은 부분으로서 365일을 포함한다. 만일 한 달 만에 모월 모일에 만났다면 이는 전체 365의 부분 중 하나에 해당되기 때문에 이접적 우연이라고 할 수 있다.

🚶 우연성의 결합

쿠키 슈죠는 여러 가지의 우연이 서로 결합하여 하나의 복합적 우연을 구성한다고 하였다. 예를 들어 어떤 사람이 노름하러 가는 길에 길가에서 뜻하지 않게 네잎클로버를 발견한 경우이다. 본래 클로버는 세잎이므로 네잎클로버는 정언적 우연이면서 동시에 클로버의 본래의 목적에 반하는 것이므로 목적적 우연*이기도 하다. 노름하러 가는 길에 네잎클로버와 마주친 것은 인과적 우연이며, 행운의 상징인 네잎클로버를 우연히 발견하여 행운이 있을 거라고 생각한 것은 의도하지 않은 일이므로 목적적 우연이다. 하나의 작은 사건에 네 가지 성격의 우연이 동시에 일어난 것이다. 쿠키가 두 번째로 든 예는 자동차 번호에 관한 것이다. 이 사례를 일본식이 아닌 한국 사정에 맞게 각색한다면 4444라는 번호의 자동차가 사람을 친 사건의 경우, 네 가지 경우의 수 중 하나의 번호에 해당되는 것은 이접적 우연이며, 4444라는 죽음과 관련된 발음과 비슷한 것은 이유적 우연이며, 뜻하지 않게 사람을 죽였다는 목적

---

* 본래 가설적 우연을 구성하는 이유적 우연, 인과적 우연, 목적적 우연은 각각 소극적 우연과 적극적 우연으로 또 다시 분류되며, 이 경우는 목적적 소극적 우연에 해당하나, 여행의 우연을 설명하는 데 치중하기 위해 이에 대한 구분과 설명은 생략하였다.

적 우연이 결합한 것이다. 이처럼 우연 간의 결합은 정언적 우연이나 이유적 우연이 그 기초가 되며, 여기에 인과적 우연과 목적적 우연이 결합되면서 그 우연은 더욱 깊은 의미를 갖게 된다.

한편, 우연은 필연과도 결합하여 특별한 의미를 부여하기도 한다. 예를 들어, 인과적 우연의 경우 원인을 찾을 수 없는 것이므로, 종교적인 관점에서 인과적 우연은 기적이라고 하며 이는 신의 의지에 의해 일어나는 것으로 해석할 수 있다. 신이 우리를 보우하사 또는 신이 노하여 우연이 일어났다는 식이다. 역으로 접근해 보면, 신이 우리를 도왔다는 목적적 필연이 성립되기 위해서는 인과적 우연이 필요하다는 것을 알 수 있다. 즉 인과적 우연은 목적적 필연성과 자연스럽게 결합하게 되며, 목적적 필연의 출발점이 되는 것이다.

목적적 우연도 마찬가지인데, 목적적 우연은 인과적 필연이나 목적적 필연과 자연스럽게 결합하게 되면서 그 우연의 의미는 더 확대되거나 축소된다. 쿠키 슈죠는 목적적 우연이 인과적 필연을 만

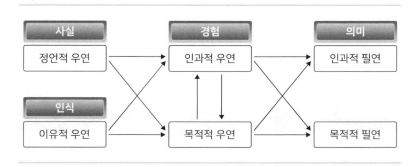

우연의 복합적 결합　　　　　　　　　　　　　　　　　그림 3-1

* 상기 도식은 쿠키 슈죠의 설명에 근거하여 저자가 이해를 도모하기 위해 추가한 것임

나면 '맹목적 운명'으로 나타난다고 하였으며, 목적적 우연이 목적적 필연과 결합하게 되면 기독교의 합목적성 도입에 의한 '신의 섭리'로서 나타난다고 하였다. 결국 운명이란 필연성으로만 성립하는 것이 아니라, 우연성과 필연성이 이종 결합한 것이며, 운명과 우연이 서로 대립적인 개념은 결코 아니라는 점을 명확히 하고 있다.

✦ 우연성과 시간

쿠키 슈죠는 우연을 가능성, 불확실성, 필연성의 개념으로 설명한 바 있다. 먼저, 우연은 어떤 일이든 발생할 수 있다는 점에서 가능성 그 자체이기도 하다. 그러나 가능성이 점점 계속해서 증가하여 가능성 증대의 극한에 다다르면 필연성이 되어 버리기 때문에 우연성은 감소하면서 없어지게 된다. 반대로 우연성 증대의 극한은 가능성 감소의 극과 일치하며 그것이 바로 불가능성이 된다. 다시 말해 우연성은 가능성에서 출발하긴 하지만 가능성 증대의 극은 우연성 감소의 극과 일치하며, 결국 우연성은 불가능성 그 자체에 의해 주어진 존재(비존재)라는 결론에 이르게 된다는 것이다. 따라서 우연 속에 내포되어 있는 가능성은 적으면 적어질수

우연과 관련된 개념   표 3-2

분류	내용	감정
가능성	미리 정해지지 않은, 불확실한, 예측할 수 없는	불안, 긴장
불확실성	의도하지 않은, 뜻하지 않게	경이, 감탄
필연성	설명할 수 없는, 운명과 같은, 운이 좋은	만족, 평온

록 우연이 더욱 기묘하다고 생각하게 된다.

이어 쿠키 슈죠는 이 우연성과 가능성, 불가능성, 필연성을
시간의 흐름에 놓고 시제라는 기준으로 이 개념들의 차이를 더욱
명확히 설명하고 있다.

"먼저, 가능성과 불가능성의 시제는 미래이다. 반면, 필연성의 시제는
과거라고 할 수 있다. 이에 반해, 우연성의 시제는 지금을 도식으로 하
는 현재이다. 본질적 의미의 우연이란 특히 최소의 가능성이 혹은 불
가능성이 우리가 살아가는 이 현실 속에서 지금, 이 찰나에 마주치는
경우이다. 우리의 현실성이라는 것이 시간적으로 현재를 의미하는 것
처럼 우연성의 시간성도 현재이다. 과거성에 있어서 추구되는 것은 우
연이 아니며, 미래성에 있어서 기대되는 것도 우연이 아니다. 따라서
우연성은 단순히 필연성의 부정은 아니다. 과거 개념의 필연성이 결여
되어 있으면서도 동시에 미래를 향한 미약한 가능성 또는 불가능성이
존재해야 하는 것이다."

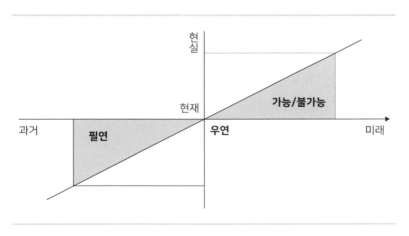

시계를 중심으로 한 우연, 가능, 불가능, 필연의 차이　　　　　그림 3-2

CHAPTER 6.

여행에서 우연이
행복의 지속을 가져오는 이유*

앞 장에서는 우연과 불확실성이 인간의 행복에 관여하고 있는 원리에 대해서 살펴보았다. 이번 장에서는 우리의 현실 중 우연과 불확실성이 가장 많이 나타나는 여행 안에서 행복에 어떠한 영향을 주고 있는지 알아보고자 한다.

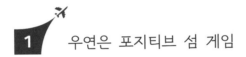

1 우연은 포지티브 섬 게임

먼저 한 여행전문 기자가 작성한 여행 관련 기사(2017.8.1)[84]의 한 구절인데, 여행자들이 어떻게 우연을 경험하는지를 잘 표현한 대목이다.

● 이번 절은 2019년 관광학연구에 게재된 논문 『여행 서사에 나타난 우연성의 양태에 관한 담론(쿠키 슈우조우의 우연성을 중심으로)』의 내용을 이해하기 쉽게 각색함

"참, 그곳에서도 '우연의 여행'으로 얻은 게 있다. 아침에 숙소를 나와 편의점에 도시락을 사러 가고 있었는데 생선 굽는 냄새가 솔솔 났다. 냄새에 이끌려 간 곳은 서울이라면 아마 가지 않을 허름한 식당이었다. 반신반의하며 문을 여는 순간, 활짝 웃으며 나를 맞이하는 노부부의 얼굴에 마음이 푸근해져 자리를 잡고 앉았는데 그날 나는 내 인생 최고의 생선구이를 먹었다."

상기 기사에서 여행자는 편의점 도시락 구매라는 본래의 목적이 있었음에도 이에 연연하지 않고 냄새에 이끌려 즉흥적으로 허름한 식당을 찾게 된다. 일상이었다면 시간적 여유가 없어 편의점으로 직행했을 것이지만, 정신적으로 자유와 여유가 있는 여행 중이었기 때문에 맛집으로 검증되지도 않은 식당을 '반신반의하며' 시도해 보고 있는 것이다. 끼니를 때우기에 편의점 도시락은 확실하다. 그러나 여행이라는 상황이었기에 불확실성이 넘치는 선택으로 나를 유도한 것이다. 반신반의하면서 긴장도 했을 것이고, 후회는 하지 않을까 등 갖은 생각이 교차했을 것이다. 그러나 그곳에서 기대하지 않았던 노부부를 만나고 맛있는 생선구이를 먹게 되면서 여행자의 기쁜 감정은 최고조에 이르게 된다. 편의점에서 사 먹는 도시락과는 비교할 수 없는 소중한 추억을 만든 것이다.

"우연, 그 무한한 아름다움에 대하여, 여행은 무수한 우연의 연속이다. 그 우연이 '마침'이 될 수도 있고 '하필'이 될 수 있는 양면성을 가진 것이 또 여행의 묘미다. 우리가 우연히 마주하는 대상은 사람이 될 수도 있을 것이고 현지인들만 아는 맛집일 수도, 정해진 시간에만 행해지는 근위병 교대식 혹은 밤거리의 공연이 될 수 있을 것이다. 여행을 시작하기 전에 우선 스스로가 어떤 우연에 가장 이끌리는지부터 생각해 보자. 발길 닿는 데로 가보았더니 결국 내 눈앞에 나타나는 그 무언가가 사람이기를 바라는지 영영 잊지 못할 기가 막힌 음식이기를 바라는지 혹은 여행의 순간을 더욱 도드라지게 만들어 줄 노랫소리인지를."

이어지는 같은 기사에서도 '발길 닿는 데로'가 보았다는 표현이 등장하는데 역시 우연에서 흔히 볼 수 있는 즉흥적인 행동과 관련이 있다. 즉흥적인 태도를 택한 결과 '마침'이라는 긍정적 결과가 나타날지, '하필'이라는 부정적 결과가 나타날지는 아무도 알 수 없지만, 분명한 것은 '이끌리는 데로' 가보는 그 행위가 우리의 뇌를 집중하게 만든다는 것이다. 그리고 곧 직면할 결과에 대해 설레게 만들어 버린다. 결국 이러한 상황에서 대부분 '영영 잊지 못할 기가 막힌' 무언가를 만나게 되며 그것이 여행의 순간을 최고로 만들어 준다. 설사 기막힌 결과를 접하지 못하더라도 그것은 그것대로 내가 선택한 나의 삶이다. 손해본 것은 아무 것도 없다. 딱히 상처받을 일도 없다.

"여행의 테마를 정한다. '맛집 투어', '스쿠터 타고 숨은 명소 찾기' 같은 식이다. 그 외에는 계획을 치밀하게 세우지 않는다. 미리 정하는 건 첫 번째 목적지와 숙소 정도. 나는 여행에서 우연히 만나게 되는 장소나 사람, 음식을 좋아한다. '우연'이야말로 여행의 가장 좋은 친구라고 생각한다. 여행이란 새로운 경험을 하려고 하는 건데 기존의 지식을 가지고 계획을 세워 그대로 움직이는 건 나의 여행 철학과 맞지 않는다. 계획을 세우지 않아도 우연이 나를 이끌어 줄 것이라고 믿고 또 실제로 그렇게 많은 좋은 곳과 사람들을 만났다."

상기 기사에서 여행자는 지금까지 즉흥적인 여행을 하면서 대부분 좋은 여행지와 좋은 사람들을 만났다고 강조하고 있다. 다시 말해, 즉흥적 여행이라는 것은 긍정적 결과와 부정적 결과를 놓고 주사위를 던지는 확률게임이 아니다. 만일 도박처럼 누군가는 일확천금을 따고, 누군가는 재산을 탕진하는 제로섬 게임(zero sum game)이라면, 우연을 추천할 이유가 없다. 그러나 이 우연적 체험은 대부분 긍정적 결과를 가져다 주는 포지티브 섬 게임(positive sum game)이다.

2 현재에 대한 경이로움

　　우연은 외부적인 환경에 의해 모든 것이 결정되는 것 같지만, 개인의 선택이 반드시 수반된다. 그리고 결과에 대해 주관적으로 해석한다. 결과에 대한 해석에 있어 재미있는 것이 있다. 사람들은 의외로 열심히 각종 정보를 조사하고 심사숙고를 해서 내린 의사결정의 결과가 좋지 않았을 때는 매우 좌절하지만, 직관적으로 선택한 결과에 대해서는 의외로 쿨하게 받아들인다는 사실이다. 직관에 의한 선택은 신의 선택이었고, 따라서 그것은 곧 나의 운명이기 때문이다. 즉흥적으로 여행하는 것은 생각할 겨를도 없이 직관에 의존해 순간적인 선택을 요구한다. 그리고 그것은 곧 나의 운명이라고 받아들이다. 그렇기 때문에 이에 대한 해석에 있어서도 선택적 지각과 인지부조화가 발동한다. 우연적 체험에 대한 결과를 좋은 쪽으로만 해석하는 것이다. 사전 준비와 노력이 너무 많이 들어간 여행은 반드시 비교를 수반한다. 자신의 선택이 옳았는지를 평가하기 위해 다른 사람과 또는 다른 의사결정과 비교해야 한다. 마치 호이징하의 경쟁놀이와 비슷하다. 누군가를 이겨야 쾌락이 수반되는 것이다. 그러나 우연놀이는 그다지 멋진 결과가 수반되지 않더라도 분하고 억울한 마음이 별로 들지 않는다.

✈ 우연의 개입할 여지

　　지금까지 등장한 개념들을 토대로 정리해 보자면, 우연성이라는 것은 필연성에 대립된 개념이면서도 지극히 적은 가능성 또는 불가능성을 가진 것이며, 각각의 개체들이 접하는 현실이자 현재이므로 그 결과에 대해서 누구도 예측할 수 없는 특징이 있다. 이와 같이 현재에서 현실에 발생하는 상황에 경이를 느끼는 핵심 요인은 바로 예측 불가능에 있다. 그 예측 불가능을 증폭시키는 것이 바로 즉흥적 여행이 되는 것이다. 탁재형·전명진(2014)의 『탁PD의 여행수다』에서도 여행의 이러한 측면을 강조하고 있다.

> "자기가 주도하는 여행을 해야 행복합니다. 자유의지에 의해서 떠나는 것이 여행이고, 여행의 과정에 있는 선택도 자기 주도적이어야 합니다. 아니면 감동도 남의 것이 되는 거죠. 바쁜 일상에 쫓기다보니 시간이 없어서 패키지를 선택하게 되는데 그냥 티켓 끊어서 무엇이든 오픈한 채 가는 것도 방법입니다. 너무 준비를 많이 해서 우연이 개입할 여지를 남겨놓지 않는 것은 별로 안 좋은 거 같아요."

　　즉흥성이 유발하는 경이로운 감정은 예술에 있어 흥(興)이라는 표현으로 사용되기도 한다. 동양화에 있어서도 우연히 손길 가는대로 그리는 우연사출(偶然寫出)이야말로 합리적 당위성을 외치는 진지함보다 유희적 방식으로 우연을 통해 삶의 진정성에 가깝다고 평가받고 있다. 흥은 계획적으로 구성할 수 있는 것이 아니라 우연히 드러나며 희열을 동반하거나 언제나 새롭고 끝없이 생성하는 즉 한번 지나가 버리면 다시 돌아오지 않는 일회성의 특성을 지니고 있기 때문에 더욱 흥을 유발하는 것이다.

🏃 우연은 왜 경이로운 감정을 수반할까?

우연적 체험은 결과를 긍정적으로 해석하는 것 이외에도, 우리가 평소에 느끼기 어려운 감탄사가 터져나오게 한다. 경이로운 감정을 유발한다. 왜 그럴까? 시간의 흐름에 따라 감정이 다르게 나타나는 메커니즘을 쿠키 슈죠는 다음과 같이 설명하고 있다. 그는 일단 미래를 예측 불가능한 상태로 만들어 놓고 이를 현재라는 현실 속에서 바로 지금 확인하는 것이 바로 우연이라고 정의했다. 가능성은 미래성에 기초하고 있기 때문에 아직 일어나지 않은 것이므로 불안의 감정을 동반한다. 반면 필연성은 시간 성격상 과거에 기초하고 있으며 확정적이기 때문에 평온의 감정을 동반한다. 필연성이 평온의 감정을 수반하는 것은 이미 해결되었기 때문이다. 또한 미래 가능성이 과거 필연성으로 옮겨가게 되면 불안이라는 긴장감은 평온이라는 이완감으로 변하게 된다. 미래에 대한 불안의 감정은 현재에서 볼 때는 가능 또는 불가능 여부를 예상하며 희망이라는 쾌감이나 또는 걱정이라는 불쾌감이 된다. 또한 가능성이 긍정적인 필연성으로 옮겨가면 희망은 만족의 감정으로 이완하고 걱정은 안심의 감정으로 이완한다. 반면, 가능성이 부정적인 필연성으로 옮겨가면 희망은 실망의 감정으로 옮겨가고 걱정은 우울의 감정으로 이완한다. 가능성의 감정인 희망과 걱정이 공통적으로 불안이라는 긴장을 가진 감정이라면, 필연성의 감정인 안심, 만족, 실망, 우울은 모두 이완상태에 있는 평온한 감정이다. 반면 우연성은 현재의 시간 성격을 갖고 있기 때문에 가능성과 불가능성을 직접 확인하는 순간이므로, 우연성으로 인한 감정은 경이(驚異)라는 흥분된 감정을 자아내게 되는 것이다.

　　이렇게 시간을 순간으로 보는 견해는 여러 곳에서 나타난다. 그리스 철학에서도 시간에 대한 개념은 크로노스(Chronos)와 카이로스(Kairos)로 구분하고 있다. 크로노스는 일차원적이고 직선적인 연속성의 흐름으로 이해되는 시간 개념이며, 카이로스는 흘러가는 시간 속에서 순간의 때에 해당하는 수직적 시간 개념이다. 카이로스적 시간은 창조주 하나님과의 관계성 속에서 창조주의 섭리와 신비에 놀라고, 성찰과 깨달음이 있는 시간이며, 동시에 일상에서 보편으로 흘러가는 의미를 담고 있다고 하는데 바로 우연에서 보는 현재의 의미와 같다.

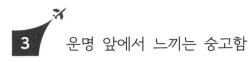

3 운명 앞에서 느끼는 숭고함

　　여행은 한 사람이 공간적으로 이동하는 것이다. 그 이동 동선의 어느 지점에서 어떤 사람이나 상황과 뜻하지 않게 조우하게 된다. 그런데 조우하는 과정에서 왜 그런 일이 발생했는지 도저히 설명할 수 없는 사건이 한 순간에 또는 여러 번에 걸쳐 조우하게 되면 우리는 이를 우연이라고 한다. 이 때 아무런 원인이나 목적을 알 수 없는 상태에서 지금 일어난 조우에 대해 감탄하는 것이고, 반대로 누군가에 의해 의도된 것이라면 감정적 반응은 일어나지 않게 된다. 다음은 Joy Kim(2017)의 『여자 혼자 뚜벅이 제주여행』에서 여행의 기쁨을 표현한 문구이다.

> "우연히 좋은 사람들을 만났어!"
> "우연히 들어선 길에서 꿈만 같은 동화 속 장면을 발견했어!"
> "어! 우연히 간 유적지가 오늘까지 무료래~!"

　　앞서 다루었던 즉흥성에서는 예측 불가능한 조우를 주로 다루었는데, 상기 문헌에서는 예측불가능한 조우도 발견되지만, 동시에 발생한 사건에 대한 원인과 목적을 알지 못하고 있다는 점이 추가된다. 왜 좋은 사람들을 만났는지, 왜 멋진 장면을 만나고, 왜 무료입장이 가능했는지를 도무지 알 수 없으며 오히려 그 때문에 기쁨이 배가되는 것이다. 그런데 아래의 블로그 글인 '여행, 그 우연(VOLO)'에서와 같이 이러한 사건이 반복하여 발생하는 경우가 있다.

그들을 만난 건 제주에서의 두 번째 날이었다. 비자림을 갔다 성산으로 가는 버스를 기다리던 중 버스 정류장에 있던 한-프 커플이 택시를 share하지 않겠냐고 물어왔다. 혼자 여행하는데 택시를 탄다는 것은 사치려니와 아무리 쉐어한다 하더라도 얼마나 나올지 두려워 죄송하지만 거절하고 말았다. 얼마 뒤 지나가던 택시가 가격을 흥정해왔다. 생각보다 저렴한 가격에 이번에는 내가 제안했고, 우리는 길었던 인연을 우연히 시작하게 되었다. 처음은 화장품 가게에서였다. 화장솜이 필요해 들른 가게에서 우리는 다시 만났다. 인연이라는 것을 느꼈는지, 여행을 함께 하고 싶었던지, 여행 일정을 공유하며 종종 만날 것을 기약했다.

다음날은 저 멀리 서귀포에서 만났다. 사리사욕을 채우기로 결심한 나는 정말 이기적이게도 많은 제안을 하고 만다. "갈치조림 안 먹을래요?", "제주도 흑돼지가 그렇게 맛있다는데…." 달콤하지 않은 말로 그들을 현혹한 나는 홀로 제주에 내려와 처음으로 2인분 이상 주문 가능한 갈치조림과 흑돼지를 먹고 만다. 내가 서부로 올라가게 되었을 때 우리는 영원한 안녕을 고하고 헤어졌다. 그리고 정말 말도 안 되게 주상절리로 가는 버스에서 만나게 된다. 맨 뒷좌석에서 열심히 손을 흔들고 있는 그들을 보았을 때, 반가우면서도 정말 무서울 정도로. 놀라웠다.

그 날 나는 나의 모든 일정을 취소하고 그들과의 마지막 제주도 여정을 함께했다.

출처: 볼로(2016.7.13). 여행, 그 우연. https://withvolo.com/trip/y4jp9lp4?lang=ko

쿠키 슈죠는 이 같은 특징을 동시성과 계기성으로 설명하면서, 이 중 관찰자가 '지금' 그리고 '현재'라는 같은 시간과 공간

속에서 '직접' 경험하는 것으로 범위를 좁혀 설명하고 있는데, 그 예로서 사토리 톤의 단편소설 '불행한 우연'을 들었다. 신경이 예민했던 주인공 여인이 무심코 기차 창밖으로 유리병을 던졌는데, 그 때 마침 모노레일 아래로 번화한 거리가 있어 왕래하는 사람들 사이에서 '윽'하는 소리를 들은 것 같다고 생각한다. 그 후 1~2개월이 지나 그녀는 공중목욕탕에 가게 되는데, 천장 들창의 유리가 깨져 자신의 벗은 몸에 유리 파편이 박히게 되었다. 그로 인해 주인공은 자신이 기차에서 던졌던 유리병 역시 타인에게 부상을 입혔을 지도 모른다는 생각에 빠지게 되고 이로 인해 광기를 일으켰다는 스토리이다.

여기서 동시적 우연은 '왜 하필 그 때 그게….'에 해당되는데, 여주인공이 유리병을 던진 그 시점에 왜 기차가 번화한 거리 위를 지나고 있었냐는 것이다. 1~2분만 빠르거나 늦었더라면 그 일은 일어나지 않았을 것이다. 원인이나 목적은 알 수 없기 때문에 동시에 두 사건이 조우한 것이 기묘하게 생각되는 사례이다. 이러한 또 다른 예로 주나라 맹진(孟津)에 이르러 강을 건너게 되었는데 그 때 무왕이 탄 배에 흰 물고기가 뛰어오른 사건의 경우에도 무왕이 탄 배의 방향과 속도와 흰 물고기의 뛰어오름 사이에 동시적 우연이 존재한다. 아침에 중요한 시험결과 발표를 앞두고 있는데 까치가 운다던지 우리의 일상에서 동시적 우연은 기묘하게 생각게 하는 우연의 출발점이라고 할 수 있다. 여행에서 느끼는 우연에 대한 경이의 출발점도 이렇게 시작된다.

그런데 앞선 사토리 톤의 단편소설에서 여주인공이 유리병을 던져 '윽'하는 소리를 들은 것과 공중목욕탕에서 천장 들창의 유리가 깨진 두 사건은 같은 맥락의 사건이 한 사람에게 반복되어

나타나는데, 이를 계기적 우연이라고 한다. 또한 주나라 무왕의 사건과 관련지어서도, 특정 역사적으로 유명한 주인공이 배를 타고 가는 길에 배에 큰 물고기가 배로 뛰어 든다면 이 역시 계기적 우연이 되는 것이다. 그 외에 꿈과 현실의 부합도 계기적 우연이다. 어느 날 밤 전혀 생각지 않던 사람의 꿈을 꾸었는데, 다음 날 그 사람이 찾아온 것 역시 계기적 우연에 해당된다.

이처럼 동시적 우연은 우연의 출발점이 되며, 그러한 단일한 우연이 동일성으로써 두 번 되풀이되어 제공되면 계기적 우연을 갖게 됨으로써 그 사건을 일으킨 절대적인 힘에 대해 궁금증을 갖게 된다. 이렇게 동시적 우연이 계기적 우연을 통해 필연의 양태를 취하게 되면서 자연스럽게 흐름은 운명의 개념으로 전환되며, 우리는 이에 대해 강렬한 인상을 갖게 되는 것이다. 따라서 쿠키 슈죠는 동시적 우연이 강한 인상을 갖지 못하는 경우에는 계기적 우연은 더 많이 되풀이면서 강한 인상으로 끌어올릴 수 있다고 하였다. 그 예로서 대지진 재해를 들었는데, 관동 지진은 9월 1일, 다지마 지진은 5월 23일, 탕고 지진은 3월 7일, 이즈지진은 11월 26일 일어났다. 각각의 숫자의 합은 9와 1의 합, 5와 2와 3의 합, 3과 7의 합, 1과 1, 2, 6의 합은 모두 10이다. 관동지진이 발생한 월과 일의 합이 10인 날에 났다는 것은 하나의 동시적 우연인데 그것만으로는 그다지 주목받을 만한 가치가 없지만, 이러한 우연이 수차례에 걸쳐 되풀이 되면, 그 가치는 상승한다는 것이다.

여행에서 접하게 되는 우연의 방식은 원인과 목적을 알 수 없는 동시적 우연이 대부분이다. 동시성이란 시간성뿐이 아니라 공간성도 동시에 포함하고 있다. 여기에 동시적 우연이 여러 차례 반복되면 계기적 우연이 되고, 동시성과 계기성이 발생하게 된 원인이나 이유에 대해 그 무엇으로도 설명할 수 없는 상태에 빠지게 되면, 여행자들은 무신론자일지라도 일종의 경외감을 받게 되며, 그들의 능력을 초월한 절대적 필연성을 느끼게 된다. 이를 통해 자신의 한계를 깨닫게 되며, 숭고함에 복종하게 되는 것이다. 에드문트 버크는 숭고함이라는 감정은 약자들의 감정이라고 하였다. 인간의 힘보다 크고 인간에게 위협이 될 만한 힘을 확인할 때 비로소 숭고하다는 감정을 받게 되는 것이다. 이와 관련하여 칸트는 숭고함을 수학적 숭고와 역학적 숭고로 분류하였는데, 수학적 숭고는 우주나 수학의 무한 개념처럼 양적 규모가 무한한 대상에 대해 느끼는 것으로, 인간의 능력으로는 인식이나 이해가 불가능하기 때문에 이에 전율하며 압도당하는 가운데 느껴지는 경외감이다. 역학적 숭고는 양적 규모가 아니라 폭풍이나 원자폭탄처럼 그 역동적이고 파괴적인 힘에 대해 느끼는 숭고함이다. 이처럼 현실에서 논리적으로는 도저히 설명할 수 없는 동시성과 계기성에 압도당하면서 우리는 숭고함을 느끼게 되는 것이다.

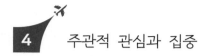

4 주관적 관심과 집중

베스 휘트먼(2010)는 『여자 혼자 떠나는 여행의 기술』에서 우연을 통한 극적 경험에서 오는 완전한 기쁨은 혼자 여행을 할 때 느껴진다고 하였다.

> "프랑스 르와르 계곡에서 첫 최적경험의 순간을 맞았습니다. 나는 키 큰 나무들이 줄 지어 서있는 오솔길을 걷고 있었습니다. 길은 온통 낙엽으로 덮여 있었어요. 그때 저만큼 앞에 꼭 동화에 나올 것 같은 성이 나타났습니다. 전율이 일더군요. 조카가 그 자리에 있었으면 참 좋았을 거에요."
>
> "혼자 있을 때는 경험을 100퍼센트 흡수할 수 있습니다. 있는 그대로 보고 듣고 느끼게 되지요. 그런데 누군가 옆에 있으면 자꾸 놓치게 됩니다. 옆의 사람과 이야기도 해야 하니까요. 또 일행 중에 기분이 저조한 사람이 있으면 하루를 완전히 망칠 수도 있습니다."
>
> "다른 사람과 함께 있을 때는 최적경험(플로우)의 기회가 그리 쉽게 나타나지 않는다. 또 나타난다 하더라도 이 같은 놀라운 순간을 잘 알아채지 못할 수 있다."

혼자 여행하면 이야기할 상대가 없다. 함께 여행할 사람의 취향을 배려하거나 양보할 일도 없게 된다. 따라서 조우하는 것들에 대해 주의 깊게 관찰하고 그 의미에 대해 깊이 생각하게 된다. 다음에 만나게 될 대상들에 대해서도 기대감도 갖게 되고 호기심도 갖게 된다. 아울러 원하는 것을 원하는 방법으로 원하는 시간에 할 수 있기 때문에 즉흥적인 여행도 가능해지기 때문에 여행에서 발생하는 우연에 감탄할 가능성은 더욱 높아진다. 따라서 무심코 지나갈 수 있는 사건들에 관심을 갖게 되면서 그 동시성과 계기성에 더욱 민감할 수 있게 된다.

이와 관련하여, 쿠키 슈죠는 우연이라는 것이 객관적이라기보다는 주관적인 특징을 갖는다고 하였는데, 이를 심리학자 앙리 피에롱의 『우연론 — 한 개념의 심리학』을 인용하여 이렇게 설명했다.

> 호숫가에 보트가 떠 있다는 사실을 우연이라고 하지는 않는다. 반면 보트를 저어 놀고 싶다고 하는 강렬한 욕망을 그 순간에 가지고 있는 상황에서 그 보트를 봤다면 우리는 그것을 행복한 우연이라고 할 것이다.

이처럼 우연에는 주관적 관심이 중요한 계기를 이루고 있다고 하였다. 반면 길을 걸어가는 도중에 고양이가 앞을 지나가는 것을 우연이라고 하지는 않는다. 그러나 자전거를 타고 가는데 자동차와 부딪힐 위기에 처하여 옆으로 피하는 과정에서 고양이를 치어 죽였다고 하면 이 상황을 우리는 불행한 우연으로 받아들인다.

이 세상에는 하루에도 수많은 사건의 조우가 나타나지만 이러한 조우에 무관심하며, 결국 우연성이란 그러한 무관심이 관심으로 변경된 것이다. 그렇다면 여행 중의 우연성을 극대화하여 보다 많은 경이를 느끼게 하려면 주관적인 관심을 쏟을 수 있는 환경이 되어야 한다. 이를 위해 가장 필요로 하는 것은 스스로가 자신의 사고와 감정에 집중할 수 있어야 한다. 또한 조우하는 사물이나 사건들에 대해 의미 부여할 수 있는 정신적인 여유가 있어야 한다. 이러한 조건을 감안하면 나홀로 여행자의 경우 우연성이 극대화될 수 있는 조건에 놓일 기회가 높아진다고 볼 수 있다.

170

CHAPTER 7.

여행에서 우연은 어떻게 받아들여질까?

🛪 우연을 받아들이는 과정

　일상에서 우연의 조건을 갖춘 사건과 마주했을 때, 사람들은 어떻게 받아들이게 될까. 이러한 연구를 우연에 대한 과정 중심의 연구라고 하는데, 대표적인 것으로 요한센과 오스만(2015)[85]의 연구가 있다. 그들은 사람들이 우연을 받아들이는 과정을 3단계로 정리했다. 우연을 느끼는 첫 번째 단계는 '우연 발견 단계'로서 먼저 우연적으로 발생한 동시성과 반복되는 패턴의 계기성을 체험하면서 놀라게 되는 경우이다. 단 동시성과 계기성만으로 우연을 인식하는 것은 아니고 이 같은 우연이 스스로의 과거나 신념 등과 밀접한 관련이 있어야 한다고 보았다. 즉, 첫 번째 단계는 '어, 이거 신기한데?'이거나 '이건 내가 어제 꿈에 보았던 그거잖아?'와 같은 단계라고 할 수 있다.

　이어지는 두 번째 단계는 원인분석 단계인데, 왜 이런 일이

● 이번 장은 2021년 관광학연구에 게재된 논문 근거이론을 통한 여행자의 우연성 경험 분석의 내용을 이해하기 쉽게 각색함

일어나게 되었는지 원인을 탐색하게 되는 단계이다. 동시에 '혹시 누가 의도한건가?'라며 생각해 본다. 혹시라도 누군가에 의해서 의도적으로 일어났다고 생각되면 허탈한 웃음을 지으며, '하긴 그럼 그렇지.'라며 우연이라고 인정하지 않게 될 것이다. 그러나 아무리 생각해도 이해도 안되고 설명도 안 되고 머리 속이 복잡해진다면, 결국 인과 메커니즘을 찾지 못했기 때문에, 우연의 일치로 남게 된다.

마지막 세 번째 단계는 희귀성 검토 단계다. 방금 경험한 우연이 어느 정도 놀라울 만한 사건인지를 따져보는 단계인데, 확률적으로 희박한 사건이라고 생각할수록 확실한 우연이 되고, 그 감동은 더욱 커진다. 이 3단계를 통과하게 되면, 사람들은 이러한 우연적 사건에 의미를 부여하기 시작한다. 일단 도저히 설명이 불가능하기 때문에 우연에 놓여진 사람들은 초자연적인 신비한 힘에 의해 발생한 것이라고 믿게 된다는 것이다. 바로 이 사후 해석을 하는 이 과정도 우연에서 빼 놓을 수 없는 중요한 과정이며, 때로는 우연을 인생의 중요한 사건으로 정립하는 의미가 있다고 하였다.

윌리엄(2010)[86] 교수 역시 사후 해석을 중시했는데, 우연이라는 것은 그것이 우연의 일치인가 아닌가에 있는 것이 아니라 자기 인식을 활성화하는 과정을 통하여 의미를 찾는 것이 더 중요하다고 하였다. 비록 몇몇 과학자들은 우연의 발생이라는 것이 결국 비이성적인 편향에 의해 근거 없는 해석에 불과하다고 주장하고 있으나, 그럼에도 불구하고 여행을 통해 우연을 경험하면서 작은 일에 감탄하고 기뻐하며 경이로움과 숭고함을 느끼는 것은 틀림없는 사실이다.

그러나 이러한 연구는 일상에서 접하는 우연을 받아들이는 과정이다. 여행에서는 어떻게 나타나는지 알아보기 위해 여행 중에 우연을 경험한 사람들을 대상으로 인터뷰한 연구를 보면, 대략 우연적 상황은 다음과 같은 과정을 거치며 받아들여지고 있었다.

1 우연을 많이 경험하는 조건: 즉흥여행과 나홀로 여행

여행에서 우연적 상황을 경험한 연구참여자들은 대부분 '갑자기', '계획없이', '무작정', '준비 없이'와 같이 즉흥여행을 한 것으로 나타났다. 즉흥여행은 크게 세 가지로 분류되는데 하나는 여행지를 선택할 때 충분한 정보를 탐색하지 않고 갑자기 충동적으로 의사결정을 한 경우이고, 또 하나는 사전에 여행을 위한 충분한 준비나 계획이 되지 않은 경우이며, 마지막으로 여행 일정을 고정하지 않고 그때 그때마다 직관에 의해 순간적으로 결정하거나 수정하는 경우이다.

우연성 경험과 관련된 또 하나의 인과적 조건은 타인과 함께 하지 않고 혼자서 여행한 경우인데, 이는 여행 전체를 혼자서 한 경우와 여행의 일부만을 혼자서 여행한 경우로 분류되었다. 앞에서도 혼자한 여행은 눈에 보이는 현재에 집중할 수 있기 때문에, 우연성과 더 많이 접하고 의미 부여를 하는 과정에서 더 많은 감동을 한다고 하였는데, 실제 인터뷰에서도 이와 같은 현상이 나타났다.

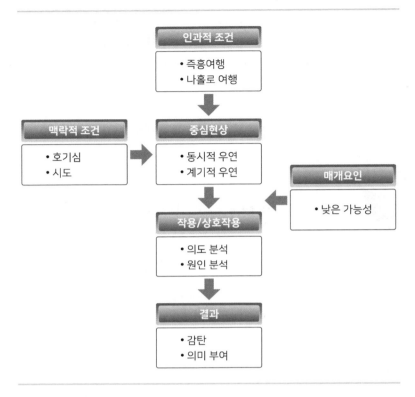

우연성 경험의 패러다임 모형　　　　　　　　　　　　　　그림 3-3

- 갑자기 여행을 가야겠다고 생각이 드는 거에요. 그래서 저 혼자인데 도 뜬금 없이 가족패키지 상품에 신청을 해서 가게 되었어요.
- 사전지식이나 준비가 전혀 없이 가족들과 여행을 떠났기 때문에 저는 가는 곳이 어디인지 전혀 모르는 상태에서 모든 것을 보게 된 거에요.
- 동생이랑 여행을 갔는데, 동생이 피곤하다고 해서 그냥 호텔에서 쉬 다가 저녁이 되었어요. 이대로 쉬면 안 될 것 같아서 혼자서 무작정 더 놀겠다고 나섰어요.

2   우연을 많이 경험하는 상황: 호기심과 시도

　　우연적 상황을 접하는 여행패턴이 즉흥여행과 나홀로 여행이다 보니, 연구참여자들은 예상치 못한 고난이 닥칠 것에 대한 두려움이 있으며 실제로 초반에는 시행착오를 겪기도 하면서 긴장감이 느껴지는 상황에 놓이게 된다. 반면, 그러한 긴장감 속에서도 여행지에서 접하게 될 새로움에 대한 약간의 호기심도 동시에 느끼고 있었으며, 용기를 내서 무언가 시도를 하려는 의지에 대해서도 언급하였다.

　　긴장이 되는데도 불구하고 과감하게 실행에 옮기는 이유는 무엇일까. 연구참여자들은 익명성이 보장되기 때문이라고 대답하였다. 나를 알아보는 사람들이 없기 때문에 실패를 하더라도 창피하지 않고 그렇기 때문에 과감한 시도가 가능하다고 했다. 또한 만일 이러한 도전이 없다면 우연적인 상황을 만날 수 없고, 그렇게 되면 여행의 재미가 반감된다고 하였다. 맥케이핏은 우연성을 경험하는 인간의 특성으로, 경험에 대한 개방성과 외향성을 제안했는데, 이러한 특성은 호기심과 시도에 영향을 준다.

> - 태어나서 처음으로 혼자서 떠나는 여행이었기 때문에 만나는 사람들 하나하나가 너무나 신기했고 집중해서 보게 되었어요.
> - 사는 곳이 서로 멀었기 때문에 오히려 부담없이 동행을 하게 된 것 같아요. 또 볼 것도 아니라서 과감하게 말도 건네보고…, 이런 시도를 하게 되는 것 같아요.

- 저는 관광객들이 많이 가는 곳은 잘 안 가요. 당시에도 좀 긴장되기도 했지만 용기를 내서 일본사람들만 가는 허름한 이자카야 문을 열고 들어갔어요.

3 우연의 시작: 동시성과 계기성

연구참여자들은 호기심과 시도를 통해 우연적 상황을 경험하고 있었는데, 그들이 만난 우연은 크게 두 가지로 구분된다. 첫째는 같은 시간, 같은 장소에서 누군가와 우연히 만나는 경우이다. 무작정 방문한 그곳에서, (다른 곳을 갈 수도 있었고 기차역에서 내리지 않고 지나칠 수도 있었는데) 만났다는 것이다. 앞서 다룬 바 있는 동시성과 부합한다. 두 번째 경우는 같은 상황이 계속해서 반복하여 생기는 경우이다.

예를 들어, 아래의 인터뷰에서도 나타난 것처럼, 비행기 안에서 앞자리의 승객이 자리를 바꿔 달라고 해서 바꾸어 주었더니, 이번에는 또 그 앞에 있는 사람이 바꿔 달라고 해서 같은 상황이 두 번 반복되었다. 그러다가 우연히 홍콩 유학생 옆자리에 앉게 되었고, 한류에 대한 이야기 등으로 장시간 대화를 나누게 되었는데, 여행 중에 홍콩 거리에서 또 다시 재회를 하는 상황이 발생한 것이다. 이러한 상황은 계기성과 일치하고 있다.

- 비행기에서 자리를 두 번이나 바꿔달라고 해서 바꿔드렸는데, 우연히 유학 온 홍콩 여대생 옆자리에 앉게 되었어요. 그런데 그 이후에 헤

어지고 나서 그 홍콩 분을 홍콩에서 여행하다가 길거리에서 우연히 또 만난거예요.

- 축제장에서 일본인 어머님과 따님을 우연히 만났고, 가방을 맡아준다고 해서 맡기고 따님과 한참 봉오도리 춤을 한참 따라 추고, 도쿄타워까지 차도 얻어타고. 내려서도 같이 사진 찍고, 종이학도 선물로 받았어요.
- 저를 딸처럼 생각해 주시는 좋은 가이드 분을 운 좋게 만나서 보트도 공짜로 타고, 경관 좋은 방도 혼자 쓰도록 배정받았어요.

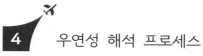

4 우연성 해석 프로세스

✈ 일어나기 어려운 희박한 가능성에 놀람

사실 가장 중요한 것은 여행자들이 경험한 우연적 상황에 대한 해석이었다. 인터뷰 참가자들은 자신이 경험한 우연성의 발생 가능성이 희박할수록, 즉 실제로 일어나기 어려울수록 우연에 대해 더 신기해 하고 있음을 진술하였다. 비행기 안에서 자리를 두 번이나 바꾸면서 옆에 앉게 된 것도 신기한데, 여행 중에 다시 한 번 만난다는 것은 영화에서나 가능한 것으로 도저히 있을 수 없는 가능성이라는 사실을 강조하면서 당시의 우연적 상황에 감탄하고 있었다. 또한 가능성이 낮지만 사전에 전혀 예상하지 못했다는 점에 대해서도 놀라워 하고 있었다.

- 홍콩 여행 중에도 에이 설마 또 만나겠어? 만난다면 진짜 말도 안되는 거라고만 생각했죠. 근데 홍콩거리에서 또 만난 거예요.
- 여행 중에 가족들과 저녁 먹다가 작은 애 소변이 급하다고 해서 데리고 나갔는데, 왠지 낯익은 복도가 있었어요. 20년 전에 엄청 술에 취해서 갔던 술집이 있던 건물이었던 거예요. 가끔 그곳은 어디였을까 생각했었는데, 이렇게 와보다니. 정말 상상도 할 수 없는 일이죠.

✈ 신이 내린 운명으로 해석하며 우연성 강화

인터뷰 참여자들은 중심현상인 우연적 경험이 혹시나 누군가의 의도에 의해서 일어났는지를 확인하고 있었으며, 결코 연출된 것이 아니라는 점을 강조하고 있다. 즉, 누군가에 의해서 의도적으로 계획한 상황이 아니라 자연스럽게 일어난 일이기 때문에 우연으로 남게 되었다고 설명하였다. 그러나 이러한 작용/상호작용 전략인 의도 분석은 매우 진지하거나 심각하게 일어난 것은 아니며, 아주 잠깐 누군가에 의해 연출된 것인지를 생각하는 정도였다.

이어서 발생한 우연적 상황이 매우 희박한 가능성이면서 동시에 의도적인 것이 아니라는 생각이 들면, 바로 신과 같은 절대자에 의한 운명일 수도 있겠다는 생각에 이른 연구참여자들도 있었다.

- 그 분이 목적이나 의도를 가지고 한 말이 아니라 은연 중에 다른 얘기를 막 하다가 나온 거라서 더 의미 있었던 거 같아요.
- 이 모든 게 다 하나님께서 의도하신게 아닐까 하는 생각도 들고…. (중략) 애당초 내 운명은 결정되어 있었던 것은 아닐까… 하는 생각을 해보는데….

178

- 왜 이런 일이 일어나게 됐는지 생각해보게 되죠. 아닐 수도 있지만 뭔가 예지몽을 꾸는 것처럼 절대자가 나한테 뭔가 암시하는 게 아닐까….

✈ 자신의 삶에 대한 계시와 전환경험 부여

연구참여자들은 여행 중에 우연적 상황을 경험하고 이것이 매우 발생하기 어려운 사건이라는 것을 다시 한번 생각하며 매우 놀라워했다. 또한 이 우연이 누군가에 의해 의도적으로 발생한 것이 아니라는 점을 떠올리며 한층 더 신기해 하고 감동하는 반응을 보였다. 동시에 개인의 인생에 의미를 부여하는 응답도 있었다.

또 이러한 우연적 경험은 오랫동안 매우 선명하게 기억된다는 것이 특징이며 자신의 인생의 대표적 사건으로 기억되고 있었다. 우연적 상황을 경험하는 우연의 패턴이 혼자서 계획 없이 진행되는 여행이다보니 불확실성과 위험 등에 노출되어 있고 또 스스로 도전하는 자세가 요구되는 상황에서 이를 이겨내고 소중한 추억을 만들었다는 점에서 스스로 성장했다는 성취감을 느끼고 있었다. 일부 연구참여자들은 자신의 인생에 있어 커다란 터닝포인트이므로 인생의 큰 변화를 이끌어냈다는 전환경험으로서 높게 평가하고 있었다. 기존의 나홀로 여행에 관한 연구에서도 주요한 키워드로 통찰과 성장을 제시하였는데, 우연적 상황에서 긴장을 극복한 경험이 자신의 인생에 큰 자신감을 주고 변화의 중요한 계기가 되고 있다는 점에서 공통점이 있다.

- 처음 만난 사이인데 그렇게 잘 해 주다니 너무 고맙고, 감사했어요. 여행 중이어서 제대로 표현하지 못했지만, 마음이 뭉클해지고…. 그 일 때문에 여행을 더 재미있게 즐겼던 것 같아요.
- 운명적으로까지 느껴지지는 않았지만 그냥 신기하다는 생각이 들었어요. 별 거 아닌데 그게 왜 그렇게 기뻤는지 모르겠어요.
- 이상하게 그 여행은 아직도 잊혀지지가 않아, 그 때 장면이 선명해.
- 제 인생에 있어서 큰 의미가 있었던 사건이죠. 그 후로 저 스스로를 변화시켰던 계기가 돼서 잊을 수가 없어요. 그 후로 영어공부도 그렇고 모든 면에서 의욕을 갖고 더 열심히 하고.
- 뭔가 어른스럽게 성장했다는 뿌듯함이 있어요. 나도 이런 걸 해 내다니 이렇게 큰 사람이 됐구나라는 생각이 들어요.

5 불확실성과 도전

이러한 흐름을 재해석하면, 불확실성, 도전, 진정성, 행복의 4단계로 도식화할 수 있다. 첫 번째 단계인 불확실성 단계는 즉흥여행과 나홀로여행을 선택함으로써 스스로 낯선 상황에 직면하고 때로는 시행착오가 발생하는 불확실한 환경을 만드는 단계이다. 안전하고 반복되는 현실로부터의 일탈을 철저하게 구현하는 연출이 이루어지는 것이다. 두 번째 단계는 낯설지만 동시에 새로운 대상에 대해 관심을 갖고 신기하게 생각하며 용기를 갖고 실행해 보는 도전의 단계이다. 이러한 과정을 거쳐 세 번째 단계인 진정성의 단계를 거치게 된다. 같은 시간, 같은 공간에서 일어나는 상황에 집중하면서 가능성이 희박한 우연성에 대해 놀라고 그 의미에 대해 고민하면서 실존적 진정성을 체감하는 것이다. 이러한 단계를 통해 최종적으로 우연적 경험에 대해 감동하고 놀라워하거나, 추억을 만들고 성장하는 행복의 단계에 이르게 된다. 최인철 교수(2018)[87]는 행복을 쾌락과 의미로 분류한 바 있는데, 여행에서의 우연성 경험은 이러한 행복의 두 가지 요소를 동시에 충족하고 있기 때문이다.

우연성 경험의 진화 과정   그림 3-4

행복한 여행
설계하기

행복한 여행 설계하기

4

CHAPTER 8.
우연과 불확실성을 적용하는 방법

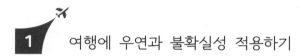

1 여행에 우연과 불확실성 적용하기

여행을 하면 당연히 행복감을 느낀다. 행복감을 구성하는 감정은 자유로부터의 해방감, 감탄과 감동, 의미 부여, 뿌듯함, 성취감 등 다양하다. 굳이 행복한 여행이 무엇인지 따지지 않아도 여행은 그만한 보상을 충분히 제공한다.

그럼에도 불구하고, 행복한 여행 경험을 굳이 설계하려는 이유는 여행 후의 행복한 감정이나 인생에 대한 만족도가 시간의 흐름에 따라 사라지기 때문이었다. 여행을 통해 행복 수준이 높아지더라도 여행 후 행복 수준이 제자리로 돌아온다면, 아니 오히려 상대적인 박탈감으로 인해 행복 수준이 더 낮아진다면 굳이 여행을 할 필요가 없다. 이것이 우리가 행복한 여행에 대해 고민해 봐야 하는 이유다. 물론 여행이라는 체험은 쾌락적응이 잘 일어나지 않는 특징을 갖고 있기는 하지만, 가능하면 오랫동안 행복감이 지속되면 더할 나위 없이 좋을 것이다. 그리고 이 책을 통해 새롭게 알게 된 사실은 우연과 불확실성이 행복감을 오래 지속시킨다는 점이다. 여행 중에 접하는 우연과 불확실성은 높아진 행복 수준을 오랫동안 지속시키는 것이 실증적으로 검증되었다.

✈ 순간적인 감정적 반응의 중요성

그런데 우연을 공부하는 과정에서 우연이 제공하는 또 하나의 매력이 발견되었다. 바로 만족이라는 밋밋한 단어로는 충분히 표현할 수 없는 강력한 감정적 반응을 유발한다는 점이다. 여행을 설계하는 데 있어, 감정적 반응의 강도는 대단히 중요한 항목이다. 대니얼 카너먼(2000)[88] 교수는 사람들이 특정 체험을 하고 나서 기억하는 감정이라는 것은 대부분 왜곡된다고 했다. 따라서 체험하는 시간 동안 체감한 감정 수준의 평균값으로 기억하는 것이 아니라, 가장 강렬하게 좋았던 감정과 마지막 순간의 감정, 이 두 가지 시점의 감정 수준의 평균값으로 기억된다는 것이다. 도중에 안 좋은 사건이 발생하더라도 그런 감정 기억은 묻혀버린다는 얘기가 된다.

피크 엔드 룰(Peak-End Rule)이라고 불리는 이 이론에 근거한다면, 여행 체험을 설계할 때, 전반적으로 괜찮은 고만고만한 프로그램을 구성하는 것보다 좀 편차가 있더라도 가장 매력 있는 강력한 이벤트와 부족한 콘텐츠를 함께 배치시키는 것이 더 낫다는 것을 알 수 있다. 7,000원짜리 음식 두 번 먹는 것보다 한 번은 굶고 한 번은 14,000원짜리 비싼 음식을 먹게 되면, 14,000원짜리 음식 먹었을 때의 황홀한 감정 기억만이 남고 한 끼 굶으면서 괴로웠던 기억은 잘 기억이 나지 않는 원리다.

✈ 감정적 반응을 극대화하는 체험 설계

나중에 떠올렸을 때, 기억에 남을만한 강력한 매력성을 갖는 관광자원을 킬러 콘텐츠라고 한다. 이전에는 이러한 킬러 콘텐츠를 만들기 위해서 지자체는 막대한 예산을 투입하여 규모가 큰 시설을 지었다. 관광 자원의 매력성은 규모가 좌우했기 때문이다. 아쿠아리움이나 야외 테마파크를 지을 경우, 규모가 작으면 수중 생물의 종류도 적어지고 편의시설도 부족하게 되고, 놀이기구도 부족해 1시간 정도면 금방 질리고 만다. 그래서 지역경제 활성화를 위해 가장 먼저 민선시장이 추진했던 것이 바로 규모가 큰 대형 리조트나 유원시설을 유치하는 일이었다. 그러나 유동 인구가 적은 지방에 이러한 대형시설을 지어봤자 수익성이 없을 것이 뻔하기 때문에 선뜻 나서는 기업은 없다. 그러다 보니 이번에는 국제 메가이벤트를 유치하려는 시도를 하게 된다. 국가적인 대형 국제행사의 개최를 확정해 버리면 국가적인 차원에서 국비를 지원할 것이고, 그 예산으로 큼직한 시설을 많이 지어, 이벤트가 끝나더라도 해당 시설로 인해 먹고 살 수 있다는 계산이었다.

그러나 문제는 이 세상의 트렌드가 너무도 빨리 변한다는 점이다. 한 때 엄청난 인기로 사람들이 몰려들다가 2~3년만 지나면 어느새 유행이 지나가고 식상하게 된다. 큰 규모의 시설은 관리하느라 매년 막대한 비용이 지출되고, 어렵게 유치한 유원시설은 애물단지로 전락한다. 이런 문제점을 깨닫게 되면서 무형의 콘텐츠에 투자하기 시작하였는데, 대표적인 것이 축제다. 축제는 단기간에 집중해서 이벤트가 펼쳐지기 때문에 해당 지역의 역량을 집중하면 매력 있는 퍼포먼스를 시연할 수 있다. 이처럼 관광 콘텐츠는 서서히 유형에서 무형으로 변화해 왔다. 이제는 시대의 변화를 시기적절하게 반영한 무형의 콘텐츠로 승부를 내야 하는 시기가 되었다. 그런데 적은 비용과 그리 넓지 않은 공간을 활용하여 방문객들을 놀라게 하고 감동받게 하는 일은 결코 쉬운 일이 아니다.

☂ 우연과 불확실성 활용하기

그것을 가능하게 하는데 바로 우연과 불확실성이 요긴하게 활용될 수 있다. 우연과 불확실성에서 접하는 체험은 기대하지 않았던 것이기 때문에, 뇌의 화학반응인 쾌감을 강하게 만든다. 앞선 연구에서 소개했듯이, 우연과 불확실성의 경험을 통해서 얻어지는 감정적 반응은 '좋다', '만족한다'의 수준을 뛰어 넘어, 감탄과 감동, 더 나아가 숭고함으로까지 연결된다. 바로 피크 엔드 룰에서 피크(Peak)를 높게 만들어 낼 가장 중요한 무기가 되는 것이다. 그렇다면 그 우연적인 상황은 어떻게 만들어 낼 수 있을까? 이를 위해 앞서 살펴본 우연의 속성을 하나하나 곱씹으면서 여행 체험 설계에 적용해 보고자 한다.

☂ 신기성

먼저, 먼저 불확실성이 갖는 첫 번째 속성이었던 신기성에 주목해야 한다. 드라마 나의 아저씨를 보면, 후반부에 여주인공이

부산에 있는 직장에 취업해 떠나게 되면서 남주인공에게 건네는
말이 있다.

> "딴 사람으로 살아보고 싶어요.
> 나를 알아보는 사람이 아무도 없는 곳에서
> 마치 과거는 없는 사람처럼…"

여행 체험을 설계하는데 참고해야 할 가장 중요한 대사다.
돈 있는 도시 사람들이 여행을 통해 꿈꾸는 것은 바로 일탈을 통
한 '새로운 나' 그 자체다. '새로운 나'란 새로운 공간에서 나를
알아보지 않는 사람이 없어야 한다. 그래서 새롭다는 것은 바로
다르다는 것이다. 서울과 다르고 수도권과 다른 무언가가 있으면
여행자들은 뇌가 활성화된다. 이 단순한 원리가 현장에서 지켜지
지 않는다. 왠지 관광 콘텐츠라고 하면 웅장하고 반짝반짝 빛나고
화려해야 할 것 같다. 그런데 그런 것을 추구하다 보면 도시에 이
미 존재하는 사소한 콘텐츠로 전락하게 마련이다.
　또한 여행자들이 살고 있는 도시와도 달라야 하겠지만, 동시
에 주변에 위치한 근거리 도시들과도 달라야 한다. 따라서 절대로
강조해서는 안 되는 생각이 바로 '우리는 이렇게 훌륭해요, 뛰어
나요, 멋져요.'라는 표현이다. 훌륭하고 뛰어나고 멋진 것은 이미
도시에 많이 있기 때문이다. 오히려 '우리는 별 것 없지만, 이렇
게 달라요, 특이해요, 흔치 않아요.'가 더 설득력 있는 홍보 문구
가 된다.
　지역에서 잠재력 있는 관광 콘텐츠를 선별해서 육성하는 과
정에서, 자체적인 심사 기준을 마련하게 되는데, 이 때 가장 높은

비중을 차지하는 것이 바로 매력성이다. 그런데 이 매력성을 '다르다'로 해석하지 않고 훌륭하고 멋진 것으로 해석하는 경우가 많다. 그러나 우리 지역의 주민들에게는 멋질 수 있지만 수도권을 비롯한 대도시 사람들의 입장에서는 멋있지 않는 경우가 많다. 그러다 보니 이 매력성이라는 요인을 차라리 '다름'이나 '차이'로 바꾸면 어떨까 하는 생각도 든다.

신기성과 관련하여 또 한 가지 주목해야 할 것은 바로 고정관념과도 달라야 한다는 점이다. 여행자의 거주지나 주변 근거리 도시와 다른 것도 필요하지만, 일반 사람들이 생각하는 상식과 괴리되는 컨셉을 제공하면 사람들은 이것을 새롭다고 느끼며 뇌가 활성화되는 경우도 있기 때문이다. 이러한 사례는 쿠키 슈죠가 제시했던 정언적 우연과 관련이 있다.

앞서 설명한 바와 같이, 정언적 우연은 특정 실체가 속성과 일치하지 않는 우연적 징표를 보이는 것으로서, 조금 어렵게 말하자면 문장 안에서 주어가 갖는 속성과 서술어가 일치하지 않는 경우를 말한다. 일반적으로 정언적 우연을 접하게 되면 그 희귀성에 놀라게 되고, 왜 그런 현상이 나타났는지 그 원리에 대해 생각하게 되면서 그 실체에 대해 주의와 집중을 하게 된다. 광고에서 소비자의 광고물에 대한 주의(attention)를 소구하기 위해 활용되는 진기한 자극(novel stimuli) 기법은 정언적 우연을 활용한 경우가 많다. 진기한 자극은 통상적이지 않거나(unusual), 특이하거나(distinctive), 예상하지 못한(unpredictable) 형태의 자극을 말하는데, 사람들은 통상 예외적인 것에 더 주목하기 때문에 주로 티저광고를 중심으로 자주 사용되기도 한다.

여행이나 관광에서 정언적 우연을 활용한 사례를 들자면, 강

원도 고성군의 '모기 없는 송지호 해수욕장'과 같은 경우이다. 여름철 해수욕장은 습하고 온도가 높아 각종 벌레들이 왕성히 번식하는 속성을 갖고 있으나, 모기가 없다는 우연적 징표를 보이고 있어 소비자들의 주의와 호기심을 유도하는 것이다. 실제로는 고성군에서 모기가 싫어하는 식물인 수천본을 심어 의도적으로 이를 유도한 것인데, 그 사실을 모르는 일반 소비자들에게는 기이하다고 여겨지도록 한 사례라고 할 수 있다. 또 다른 사례로는 '평창 대관령에서 시원한 여름나기' 같은 경우이다. 여름은 당연히 더운 것인데, 시원하게 보낼 수 있다는 우연적 징표와 그것이 소비자들의 감각적 고통을 덜어주고 균형을 찾게 한다는 메시지를 통해 주의를 모으고 호감을 유도하는 방식이다.

이와 별도로 관광 분야에서 활용되는 정언적 우연은 '기적'이라는 단어를 사용하는 것이다. 기적이란 인과적으로는 설명이 불가능한 경우를 말하는데, 예를 들어 '바다가 갈라지는 현대판 모세의 기적 진도의 신비'가 그 적합한 사례이다. 바다라는 것은 물로 가득 채워져 있어 중간에 공백이 허용되지 않는 속성이 있으나, 이 속성에 위배됨과 동시에, 매우 드물고 특이한 우연적 징표이다. 이와 같이 정언적 우연을 활용하는 것은 해당 관광지를 다른 관광지와 차별화(differentiation)하는 출발점이라고도 할 수 있다.

♠ 관련성

하루 중에도 우리가 접하는 신기한 우연적 상황이 많지만, 주목하지 않아서 놓치는 경우가 많다. 또한 그것이 자신과의 관련성이 없다고 보아 지나치는 경우도 많다. 여행지에서도 마찬가지가 될 수 있다. 따라서 여행자가 접하는 상황이 얼마나 신기하며, 행운인지 수시로 인지시키는 것도 중요하다. 이처럼 여행자와 우연적 상황의 관련성을 높이는 방법으로는 이유적 우연을 활용하는 것이 적절하다.

가설적 우연 중 하나인 이유적 우연은 경험에 의한 것이 아니라 존재 자체에 대한 인식과 관련 있는 것으로, 둘 이상의 관계가 필연적이지는 않으나 적극적인 관계가 있는 것을 말한다. 특정 관광지를 대표하는 인물의 생일, 키, 몸무게, 나이, 성명의 글자획수와 같은 숫자를 제시하거나(예: '000장군이 000전투에서 활약할 당시의 나이는 43세였다'), 별자리나 한방 체질, 버릇, 사주 등의 정보를 제공하면서, 여행자들과의 공통점을 찾게 하면, 이에 놀라면서 그 인물에 대해 애착을 갖고 관심을 보이면서, 더 정보를 찾기도 하고 때로는 자랑을 하기도 한다. 스토리텔링에 있어서도 이러한 정보들을 스토리와 함께 다양하게 노출시켜 관광객과의 이유적 우연을 유도하는 것도 관광체험의 재미를 복돋우는 방법이 될 수 있다.

✈ 다양성

특정 지역에 놀러갔을 때, 우연과 불확실성이 많이 발생하려면 관광 콘텐츠가 다양하고 풍부해야 한다. 다양성은 여행자의 선택을 유발한다. 그리고 여러 개의 관광지 중 하나를 선택하는 일에는 반드시 리스크가 수반된다. '내가 잘못된 선택을 한 것은 아닐까', '반대편으로 가는 것이 더 좋지 않았을까'와 같이, 본인이 선택한 것이 옳았는지 확인하기 위해 여행에 집중하게 된다. 그리고 없는 의미까지 찾으면서 본인의 선택을 정당화하는 인지부조화가 일어나기도 한다. 이처럼 선택과 의미부여를 반복하는 과정에서 우연을 비로소 인지하고 감탄하는 경우가 의외로 많기 때문에, 관광 콘텐츠는 무조건 많아야 한다.

관광시설 1~2개, 음식점 3~4개, 그리고 숙박시설 1~2개로 여행자를 불러모으려고 하는 것은 무리다. 대단히 매력 있는 유원시설이 하나 있다고 하더라도, 사람들은 그 시설에만 잠깐 들렀다가 그 지역에 머무르지 않고 바로 다른 지역으로 가버린다. 어렵게 유원시설을 유치한 목적은 방문한 사람들이 그 지역에 많은 돈을 뿌리고 가도록 하여 경제적 효과를 얻기 위함인데, 사람이 많이 와도 주민들은 경제적인 혜택을 전혀 받지 못하게 되는 것이다. 오래 머무르게 하려면 볼거리가 많아야 한다.

유현준 교수(2015)[89]의 저서 『도시는 무엇으로 사는가』를 보면, 유동 인구가 많은 인기 있는 거리는 일자형이 아니라 삼거리의 형태를 띤다고 한다. 삼거리야 말로 한 곳에 서서 바라볼 때, 눈요기가 될만한 상점이 한눈에 파노라마처럼 다양하게 보이기 때문이다. 일자형 거리에서는 도로 저편에 있는 반대편 거리가 멀게 느껴지기 때문에 눈에 들어오는 상점은 3~4개밖에 보이지 않게 된다는 것이다. 강남의 넓은 도로를 끼고 있는 거리가 대부분 이렇다. 그래서 재미가 없다. 강남이 인기가 많은 이유는 그 좁은 뒷골목에 거미줄처럼 불규칙하게 펼쳐지는 즐비한 가게들 때문이다.

여행자들이 숙소를 정하는 지점은 대개 인근에 걸어서 갈 수 있는 다양한 가게들이 있어, 사전에 정하지 않더라도 즉흥적으로 가게를 선택하여 즐길 수 있는 지역이다. 체류시간을 늘리고, 숙박을 유도하려면 사실 호텔이 필요한 것이 아니라 이러한 다양한 거리를 조성하는 것이 더 중요하다. 이런 의미에서 새롭게 주목받는 것이 바로 로컬 크리에이터다. 그들은 쓰러져 가는 원도심의 상가에 적은 임대료를 내고 입점하여, 젊은이들의 감성에 맞게 컨셉을 잡고 디자인하여 독특한 경험을 제공하기 시작했다. 화려하지는 않지만 적어도 다른 곳에는 없는 철학과 고집과 멋이 느껴진다. 많은 투자비가 필요하지도 않기에 젊은 창업자들이 도전하고 있으며, 처음에는 카페에서 출발하여 음식점으로 가더니, 이제는 빈집을 활용한 숙박 분야까지 진출하고 있다. 그리고 이들은 몰락하던 원도심에 활력을 불어넣으면서, 관광 목적지가 갖추어야 할 다양성을 적시에 제공하고 있는 것이다.

🏃 예측 불가능과 랜덤, 즉흥성

앞서 설명한 신기성과 관련성, 다양성도 중요하지만, 이 세 가지는 모두 우연과 불확실성의 본질 그 자체는 아니다. 오히려 우연과 불확실성이 잘 일어나는 조건에 가깝다고 할 수 있다. 우연과 불확실성의 본질이면서 동시에 놀라움(surprise)을 수반하기 위해서는 '예측 불가능'과 '낮은 확률'이 필요하다. 여행과 같은 상황에서 이 두 가지를 동시에 경험하도록 하는 것이 바로 랜덤이다.

이미 놀이에서도 알레아로 불리는 우연놀이는 실력이 아닌 운에 의지하는 단순한 놀이임에도 경쟁놀이(아곤)보다도 더 많은 사람들이 참여한다. 윷놀이, 고스톱(화투), 포카 등 카드게임, 주사위놀이 등은 처음하는 사람들도 금방 직관적으로 이해할 정도로 쉬운 데다가, 잘 모르는 사람들끼리 어울리더라도, 순간순간마다 만들어지는 결과에 대한 탄성과 감탄, 조롱, 웃음을 유도하는 특징이 있다.

관광시설이나 프로그램에도 다양하게 적용이 가능하다. 흔히 서비스의 품질을 높이기 위하여 무조건 표준화하고, 매뉴얼대로 운영하면 좋다고 생각할 수 있는데, 사실 우리가 감동받는 경우는 매뉴얼을 어겨가면서 고객에게 배려하는 경우다. 매뉴얼대로만 한다면 일관성은 있을지 모르지만 진정성이 결여된다. 마치 인간의 탈을 쓴 로봇이 얘기하는 것으로 느껴져 좀처럼 감동이 전달되지 않는다.

체험 프로그램도 랜덤으로 시연하게 되면 선택도 예측도 할 수 없기 때문에, 어떤 프로그램이 나오게 될지 긴장하고 설레도록 만들 수 있다. 특정 프로그램의 등장인물이나 내용도 프로세스별로 몇 가지 옵션을 두어 랜덤으로 가동하면, 수십 가지의 경우의 수가 발생하게 된다. 자연스럽게 재방문을 유도하는 효과가 있다. 또 다시 방문하면 그때는 또 다른 경우의 수와 만나게 되기 때문이다. 자연스럽게 랜덤이기 때문에 예측이 불가능하고, 다양성이 낮은 확률을 불러오기 때문에 마지막까지 집중하게 하는 효과가 발생하는 것이다.

또 하나는 2022년에 울산에서 처음으로 제안된 체험 프로그램으로, 태화강 국가정원에서 까마귀 똥을 맞으면 5만원을 받는 아이디어다. 해마다 겨울이면 울산에는 까마귀떼 10만여 마리가 날아온다. 가뜩이나 겨울은 관광 비수기라서 방문객이 적은데, 까마귀까지 날아오니 오히려 악재일 수도 있겠지만, 오히려 이 악재를 기회로 삼은 케이스다. 랜덤으로 떨어지는 까마귀 똥을 피하는 과정에서 한 대도 맞지 않겠다는 목표가 생긴다. 함께 간 동행자와 호흡을 맞추며 요리저리 피하는 것도 재미있지만, 설사 맞는다고 하더라도 상금도 받으니 이래저래 이득이다. 비옷을 입고 이동을 하는 이벤트로 운영하고 있지만, 사실 당초의 아이디어는 투명한 우산을 쓰고 까마귀가 많은 지역을 지나는 하나의 체험 프로그램으로 제안된 것으로 알고 있다. 불확실성을 제대로 이해하고 적용한 프로그램이다.

반대로 여행자의 입장에서 예측 불가능을 듬뿍 느끼는 방법은 앞에서도 살짝 언급된 것처럼 즉흥적인 여행을 하는 것이다. 최종적인 목적지만 정해두고, 언제라도 도중에 일정을 바꿀 수 있는 유연함을 갖는 것이다. 예를 들어, 자가용으로 국내여행을 한다면 고속도로를 타지 말고, 국도를 타는 것이다. 고속도로를 탄 상태에서 할 수 있는 즉흥적인 행동은 고작해야 휴게소에 들리는 정도지만, 국도라면 갑자기 보이는 특이한 식당이나 소박한 카페, 또는 아름다운 경관과 마주칠 수 있다. 차를 멈춰 세우고, 갑작스레 마주친 인연에 감탄하며 맛과 경관을 음미할 수 있다.

2020년 초 코로나19가 발발하기 직전 하나투어에서 발표한 아웃바운드 해외여행 트렌드는 WHITE MOUSE였다. 이 중에서 U가 특이한데 U는 다름 아닌 Unbundling package였다. 패키지 여행 안에서도 웬만큼 치안상 위험하거나, 언어소통이 되지 않는 곳이 아니라면 가이드가 따라 붙지 않도록 일정을 구성하는 것이다. 중간중간에 안내가 필요한 곳에서만 가이드와 합류하며, 나머지는 스스로의 힘으로 계획하고 자유롭게 도전하도록 두는 것이다. 손님들을 내버려 두는(?) 이러한 방식이 오히려 더 만족도가 높다는 계산이 섰기 때문이다.

가이드 없이 여행을 한 여행자들은 마치 엄청난 과제를 수행한 것처럼 자신의 하루를 무용담을 늘어놓듯이 자랑할지도 모를 일이다. 안전이 어느 정도 보장된 상태에서 불확실성을 느끼고 이겨내도록 유도하는 이 방식은 여행을 오랫동안 기억하고 그 감동을 생생하게 간직하는데 매우 큰 효과가 있을 것이다.

차이가 유커를 다시 부른다

서울신문
2015.09.24

이훈 한양대 관광학부 교수

최근 한국 관광산업은 메르스(중동호흡기증후군)의 영향으로 심각한 어려움을 겪었다. 한국문화관광연구원이 펴낸 '관광동향분석'에 따르면 메르스가 발생한 5월 이후 한국을 찾은 외래 관광객은 6월에는 전년 대비 마이너스 41%, 7월에는 마이너스 53%의 감소세를 보였다. 중국인 관광객(유커)은 더 영향을 받아 6월은 마이너스 45%, 7월은 마이너스 63%로 크게 감소했다. 하지만 8월에 들어서면서 방한 중국인 관광객은 전년 수준보다 6.6% 증가한 21만 6705명을 기록해 회복세로 돌아섰다. 중국 최대 명절인 중추절과 국경절 연휴가 9월 말부터 10월 초까지 이어지기 때문에 그동안 국내 관광업계가 겪었던 어려움을 극복할 것으로 기대한다. 메르스 위기를 극복하기 위해 정부와 지방자치단체, 민간도 긴밀히 협력했다. 대규모 우호사절단을 중국 주요 도시에 파견하고, 케이팝 콘서트를 열고, 코리아그랜드세일을 조기 실시해 한국 방문 분위기를 만들려고 노력했다.

중국인 관광객은 우리에게 매우 중요하다. 해외 관광을 떠나는 중국인이 연간 1억 명이 넘는다. 2020년에는 2억 명을 넘을 것으로 예측된다. 가파르게 증가하는 방한 유커는 최근 몇 년간 약 20%씩 줄고 있는 일본인 관광객을 대체하는 우리의 주 고객이다. 하지만 아직 넘어야 할 과제가 많다. 해외여행을 할 잠재 중국인 관광객 수가 많으니 한국에 오는 신규 관광객 수가 계속 늘어날 것이라는 전망은 너무 낙관적이다. 이미 한국을 방문했던 유커도 다른 목적지를 찾을 가능성이 크다. '2014 외래 관광객 실태조사'에 따르면 재방문율이 약 20%대에 머무르고 있다. 방한 중국인 관광객 가운데 50.4%는 여행 목적지로 일본과 한국을 저울질하다가 온 사람들이다.

어떻게 하면 중국인 관광객을 계속 유치할 수 있을까. 프랑스 철학자 질 들뢰즈는 '차이'를 강조한다. 반복적인 행동도 차이 때문에 발생한다고 했다. 들뢰즈가 예로 든 것은 모네가 그린 '수련' 작품이다. 아침·낮·저녁으로 시간에 따른 빛의 차이는 같은 대상도 다른 느낌을 만들기 때문에 여러 그림을 그렸다고 설명했다. 차이는 관광에서도 중요한 매력이다. 관광지로서 한국의 매력을 새롭게 하고 한국적 차이를 통해 유커의 지속적인 방문을 이끌어 낼 필요가 있다.

첫째, 차이를 생성해야 한다. 주요 관광지와 거리가 중국식으로 바뀌는 것은 고민해 봐야 한다. 이것은 친숙하게는 만들지만 새로움을 주지는 못한다. 차이나타운 거리처럼 어느 한 곳에 국제 문화구역을 개발하는 것은 좋지만 전체적으로 중국식으로 변해 버리는 것은 한국적인 매력을 잃어 가는 것이다. 새로운 관광지와 콘텐츠를 계속 개발해야 한다. 서울을 예로 들면 광화문과 명동 중심의 전통적 관광지에서 벗어나 강남이나 한강 등을 중심으로 새로운 관광 인프라, 프로그램, 이야깃거리를 확충해야 한다. 전국적인 범위에서도 수도권과 제주도 중심에서 다른 지방을 연계해 새로운 지방관광 콘텐츠와 매력을 연결시켜야 한다.

둘째, 있던 것을 변화시켜 차이를 만드는 것이 필요하다. 이것은 기존 관광을 새롭게 보는 것에서 시작한다. 지금까지 관광이 '성과' 중심이었다면 이제는 '관계' 중심으로 바뀔 필요가 있다. 우리 국민이 혼잡과 소음으로 고통받는 관광은 오래가지 못한다. 국민의 삶에 도움이 되는 관광이어야 하고, 진심으로 국민이 환대할 수 있어야 관광객을 감동시킬 수 있다.

유커로 하여금 유명 관광지 뒤편, 골목의 재미를 체험하게 하는 것도 차이를 다양화하는 방법이다. 최근 주목받는 재래시장, 골목여행, 거리여행은 우리의 일상문화를 통해 소소한 즐거움을 특화시키는 전략이다. 이곳에서 벌어지는 작은 축제는 화려하진 않지만 쉽게 다가가서 체험할 수 있는 생활문화다.

유커를 지속적으로 유치하기 위해 필요한 차이를 관광 분야에서만 창출하는 것은 한계가 있다. 민간을 포함한 지자체와 범정부적 협조 등 다양한 사회 전반의 협력을 통해야 비로소 새로운 차이와 우리만의 매력을 만들어 낼 수 있다. 차이의 매력을 통해 유커를 포함한 외래 관광객이 다시 방문하고 싶은 한국이 되길 기대한다.

2 정교화된 순간 체험 디자인하기

✈ OTA의 등장과 여행유통망의 변화

저렴한 가격과 최신 정보, 안내, 방문지 수배를 중심으로 한 여행업 비즈니스는 200년 가까이 독보적인 경쟁우위를 차지해 왔다. 그러나 소위 익스피디아나 부킹탓컴 등 글로벌 OTA(Online Travel Agency)가 모바일을 통한 ICT 기술과의 접목을 통해 모든 영역에서 여행사를 앞지르게 되면서, 여행자들은 굳이 여행사의 패키지 상품을 구매할 필요성을 느끼지 못하게 되었다. 게다가 여행자들의 여행 경험이 증가하면서 점점 누군가에게 의존하는 여행보다는 스스로 계획하고 주도적으로 참여하는 자유여행을 선호하게 되면서 외국인들의 인바운드 여행은 자유여행객(FIT)이 80%를 넘어서게 되었다.

FIT의 증가와 OTA의 등장으로 인한 여행유통망의 가장 큰 변화는 발지형 여행에서 착지형 여행으로 변화되었다는 점이다. 이전에는 여행유통망의 주인공이었던 여행사가 콘텐츠를 미리 선별하고 여기에 항공과 숙박을 포함하여 상품을 구성한 후 판매를 하였다. 이러한 과정에서 고객이 만족할만한 수준에 이르지 못한 관광 콘텐츠들이 걸러지게 되었고, 소비자들은 안심하고 여행을 할 수 있었다. 그러다 보니 아무래도 관광 콘텐츠의 대부분은 대형 음식점, 마시지샵, 대형 유원시설 중심이 되었다. 앞에서 언급한 것처럼 규모가 있어야 매력이 있으니, 자금이 풍부한 대형 기업들이 대부분 여행 패키지 상품에 참여할 수 있었던 것이다. 자본이 부족하고 경험이 일천한, 아이디어만 있는 청년 기업들은 감히 명함도 내밀지 못하던 시절이었다.

✈ 착지형 관광 상품이 뭐지?

OTA가 이러한 여행사를 대체하고 난 시점에서 달라진 긍정적인 변화는 바로 진입장벽이 없어졌다는 것이다. OTA에서는 입점 자격이 엄격하지 않아 누구라도 큰 제약 없이 여행 상품을 판매할 수 있다. 물론 좋은 댓글이 달리고, 평점이 높아야 판매가 잘 되겠지만, 적어도 아이디어가 풍부한 청년 기업들도 시장에 참여할 수 있게 된 것이다.

한편, 소비자의 입장에서 보면, 각종 어플리케이션을 통해 최신의 진실된 정보를 얻게 됨에 따라 스스로 일정을 설계할 수 있고, 염가로 개별 시설이나 프로그램을 구입할 수도 있게 되었지만, 그럼에도 불구하고 도저히 혼자서는 해결할 수 없는 지역이나 어쩔 수 없이 현지인에게 기대고 싶은 경우가 존재한다. 이런 이유로 여행자들은 단 2~4시간 정도를 즐길 수 있는 체험 상품을 OTA에서 구입한다. 이를 현지에 도착하여 골라 사는 상품이라서 착지형 상품이라고 한다. 착지형 상품은 시간이 짧다. 그렇기 때문에 그만큼 각각의 상품들은 정교하게 설계되어 최대한의 만족과 감동을 선사해야 한다.

기존의 여행업의 주인공인 여행사는 각 관광지를 이어주는 역할에 치중했지만 이제 이런 일은 부가가치를 발생시키지 못한다. 오히려 짧은 착지형 체험 프로그램을 통해 충분한 힐링과 여유, 편안함, 기쁨, 성취감, 행복함을 경험할 수 있다면 사람들은 과감히 돈을 내고 즐긴다. 개별 단위로 구매가 이루어지기 때문에 5~10만원 정도로 구성되는 상품에 돈을 지불하는 것을 아까워하지 않는다. 기존에 관광상품이라고 할 수도 없었던 원데이클래스, 향수 만들기, 메이크업하고 사진 찍기와 같은 새로운 관광 상품이 쏟아지고 있으며, 좋은 반응을 얻고 있다.

✈ 고객 경험 관리에 대비하자

문화체육관광부에서는 이러한 관광 콘텐츠를 만드는 관광벤처들을 육성하기 위해 2019년에 관광지원서비스업이라는 업종을 관광진흥법에 제정하였고, 이들은 향후의 관광산업을 주도할 세력으로 주목받고 있다. 그러나 아쉬운 점은 이러한 관광벤처들의 경우 아이디어도 좋고, 비즈니스 모델도 탄탄한데 비해, 고객 서비스가 원활하지 않다는 문제가 있다.

정작 고객이 왜 이 상품을 구매하려고 하는지, 어떤 가치를 고객에게 전달할지, 접객의 순간부터 배웅하는 순간까지 어떠한 표정과 말투로 응대해야 할지에 대한 이해가 부족하다. 또한 어떠한 포인트에서 감동을 주고 어떻게 놀라게 하고, 감동을 줄 것인지에 대한 고민이 필요하다. 이제 여행 상품은 체험 상품으로 전환되고, 따라서 시나리오가 요구되며, 연출 디렉터와 배우를 추가해야 될 정도로 정교하게 설계되어야 한다. 이러한 관점에서 더 고민되어야 할 분야가 바로 고객 경험 관리(Cusotmer Expeirence Management)다.

기존에는 서비스 수준의 개선을 위해 블루 프린팅이나 서비스 속성분석처럼 공급자의 입장에서 접근하였는데, 그러다 보니 기업의 입장에서 분석된 결과들은 대부분 객관적 성능, 새로운 기능, 개발 용이성 등을 경쟁 우위의 원천으로 내세웠고, 전체 서비스를 경험한 이후 측정한 고객 만족도를 토대로 서비스의 수준을 판단하였다. 그러나 기존의 접근방법으로는 서비스를 경험하고 있는 순간순간에 일어나는 고객의 반응은 알 수가 없었다. 예를 들어, 고객에게 만족도 평가를 했더니 신뢰도가 낮게 나왔다면 구체적으로 어느 시점에 무엇을 손봐야 하는지 모호하다. 친절도에서 낮은 평가가 나왔다면 구체적으로 누가 어느 시점에서 무엇을 잘못했는지 역으로 추적해야 한다. 고객 경험 관리를 처음부터 고객과의 접점(Touch Point)에서 이루어진다는 점이 가장 큰 강점일 것이다.

고객경험 관리의 프로세스90는 크게 4단계로 요약할 수 있다. 1단계는 고객의 경험을 기능적 단서, 물리적 단서, 인적 단서로 해부하는 것이다. 기능적 단서는 제품과 서비스의 품질을 말하는데, 고객경험의 핵심이면서 동시에 가장 많은 부분을 차지하는 것으로, 고객이 이성적으로 사고하는 과정에서 반응이 일어난다. 물리적 단서는 제품이나 서비스의 첫인상을 결정하는 시설물, 장비, 가구, 배치, 조명 등 물리적 환경을 말하는 것으로, 시각을 비롯한 후각, 청각, 미각, 촉각 등을 통해 감각적으로 느끼는 것이다. 이 물리적 단서를 넓게 해석하여, 제품이나 서비스를 경험하기 전과 경험한 이후에 일어나는 홍보나 추천과 같은 각종 커뮤니케이션으로 확장하기도 한다. 마지막으로 인적 단서는 직원들

204

이 제공하는 몸짓이나 표정, 말하는 어조에 관한 것으로 고객은 이를 통해 제품과 서비스의 진정성을 판단하게 된다. 기업은 경험 전 과정에서 고객 접점을 파악하여 각 접점에서 발생하는 경험 요소들을 이러한 세 가지 차원에서 명확히 정의하고 이해해야 한다.

2단계는 경쟁기업과 비교하여 차별화된 경험을 도출하는 과정으로, 고객 접점에 나타나는 고객의 기대와 실제 경험과의 차이를 파악하여 만족과 불만족 요인들을 파악하면서 최적의 경험을 재설계하게 하게 된다. 3단계는 고객의 의견과 경험에 대한 평가를 인터뷰하면서 대안을 모색하고 이를 적극적으로 반영하는 것이며, 4단계는 세부적으로 개선된 경험들을 전체적인 관점에서 일관되고 통합된 가치를 제공하는지 점검하는 과정이다.

고객경험 관리 기법은 2000년대에 들어오면서 서비스 분야에서 적용되기 시작하였다. 먼저 항공 분야에서는 미국의 버진 애틀랜틱 항공사는 승객들이 항공권 예약부터 비행기 탑승에 이르는 전 과정을 50여 단계로 구분하고 각의 단계에서 제공 가능한 긍정적인 경험에 대해 연구하였고, 연구 결과, 쌍방향 오락시스템이나 마사지와 같은 혁신적 서비스를 도입하게 되었다고 한다.

👤 고객 여정 지도(Customer Journey Map)란

고객경험관리의 관점에서 장정빈(2009)[91] 교수는 스타벅스를 방문한 고객이 실제로 어떤 경험을 통해 감동을 받고 있는지 고객 여행 지도를 위와 같이 제시한 바 있다. 하나의 카페를 운영하기 위해 수많은 물리적 공간과 시설, 서비스가 필요하지만 결국

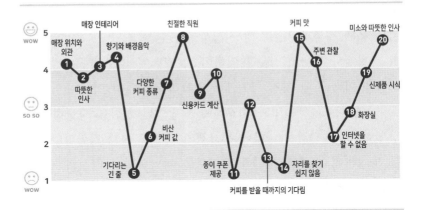

스타벅스의 고객 여정 맵　　　　　　　　　　　　　　　　　　　그림 4-1

자료: 리마커블 서비스(장정빈 지음)

스타벅스가 인기 있는 비결은 주문하는 단계에서 접한 직원의 친절한 태도, 커피맛, 미소와 따뜻한 인사였다. 물론 매장 인테리어나 향기, 배경음악도 중요했지만, 가장 높은 것은 인적 단서에 의한 것이었다는 점은 의외의 결과다. 이러한 고객 경험 관리를 통해 도출되는 것은 바로 진실의 순간(Moment of truth)이다. 고객이 특정 매장에서 서비스를 제공받고, 기억하는 진실의 순간은 15초에 불과하다고 한다. 그렇지만, 이것이 전체의 이미지를 결정한다는 게 문제다. 다시 말하면, 카페에서 머무는 2시간 동안의 경험한 만족도 전체를 종합적으로 평가한 뒤, 평균하여 기억하는 것이 아니라, 특정한 몇 가지 순간들이 해당 기업이나 상품의 이미지를 결정한다는 것은 시사하는 바가 크다.

　일반적으로 진실의 순간으로 예시되는 것들은, 매장에 들어오면서 매장을 둘러보는 순간, 직원과 시선이 마주치는 순간, 직

　　　　　　　　　　　　　　　　　　　　　　　　　PART 4.

원의 환한 미소를 보는 순간, 물건을 건네 받는 순간, 주문을 도
중 변경하게 된 순간, 가격을 묻고 주문을 하는 순간, 대화 중 전
화를 받으러 가는 순간, 계산하는 순간, 따뜻한 배웅을 받는 순간
이다. 이 순간들은 어찌보면 서비스의 범주 안에 속하지 않은 것
들이 많다. 종업원들은 고객이 가까운 거리에 접근하면 정해진 매
뉴얼상의 대화를 하며 서비스를 평가받아 왔는데, 고객이 정작 중
요하게 평가하고 기억에 남겨두는 것은 물건을 건네받거나 전화
를 받으러 나가면서 힐끗 본 장면들이 대부분이다.

김정미와 피센마이어 교수(2014)[92]는 고객의 경험을 디자인하
기 위해, 피부전도도(EDA: Electrodermal activity)를 측정하여 고객이
경험하는 여행의 순간순간을 측정하고 사후 인터뷰를 통해 같은
공간에서 같은 프로그램을 경험하는 상황에서 왜 반응이 다르게
나타나는지를 연구한 바 있다. 공통으로 하락하고 있는 구간이 있
다면 새로운 프로그램으로 대체해야 한다. 이 연구는 실시간으로
고객의 반응을 측정하여 대응할 수 있다는 함의를 제공했다는 의
미가 크다. 이런 식으로 측정을 통해 새로운 체험 프로그램을 재
설계해 나간다면 한층 높은 행복감을 전달할 수 있을 것이다.

기존에는 경험을 서비스로만 파악하여 친절하면 된다는 사고
가 강했다. 물론 인적 단서의 힘은 스타벅스의 사례에서 본 것처
럼 강력하다. 그러나 여행자에게 중요한 것은 스스로가 무언가에
관심을 갖고, 자극 받고, 행복하고, 의미가 있으면 되는 것이다.
따라서 고객 경험의 관점에서 진심으로 문제가 되는 것은 불친절
이 아니라 지루함이라고 할 수 있다.

바로 이러한 지루함을 불식시키는 것이 앞서 논의한 신기성,
관련성, 다양성, 예측 불가능과 낮은 확률을 토대로 제공하는 우

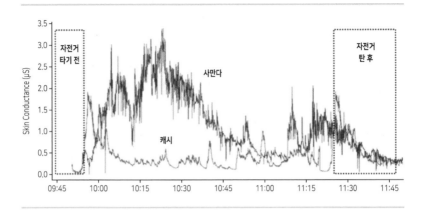

실시간 피부전도도 측정결과　　　　　　　　　　　　　그림 4-2

연과 불확실성이다. 무엇보다 이 프로그램들은 비용이 과다하게 부과되지 않는다. 그리고 재미와 진정성을 제공하며, 오래 지속된 다는 점에서 가장 큰 효과를 볼 수 있다는 점에서 고객 경험 관리의 차원에서 함께 고민되어야 할 영역이 되는 것이다.

3 우연을 일상에 적용한 비즈니스 사례

✈ 도쿄 롯폰기의 분키츠(文喫) 서점: 구매가 아닌 우연한 만남의 장소

　온라인 서점의 시장 진입과 각종 모바일 콘텐츠의 확산으로 인해, 오프라인 서점들이 줄지어 폐업하고 있는 안타까운 상황이 이어지고 있다. 최근까지도 대형서점은 배움과 교양이 넘치는 상징적인 공간으로 인식되고 있다. 그래서 때때로 이곳을 약속장소로 정하기도 하고, 시간이 남을 때 잠시 들러 베스트셀러 코너에서 인기 있다는 책들 몇 권을 골라 뒤적이다가 구입하기도 하는 우리에게 대단히 익숙한 공간이다. 그렇지만 살 책이 명확히 정해진 경우라면 이동하는 시간도 절약하고, 무거운 책을 들고 올 필요도 없으며, 가격도 저렴한 온라인 서점을 구입할 수밖에 없게 된다. 그러다 보니 오프라인 상에서 서점을 운영하던 기업들은 넓은 매장 임대료와 인건비를 감당하지 못하면서, 점차 매장을 줄여 나가고 있으니, 너무도 안타까운 일이다. 결국 온라인 서점으로 전환하는 것만이 방법일까?

　여기서 잠깐 사람들이 왜 서점에 갔을까 그 동기에 대해서 면밀히 분석해 볼 필요가 있다. 서점에 가는 동기는 크게 세 가지로 구분할 수 있는데, 첫째는 책에 나와 있는 지식을 습득하는 경우이다. 예를 들어, 컴퓨터 활용능력을 익히고, 영어 토익점수를

올리기 위해서 가장 유익하다고 검증된 책을 구매하는 것이다. 이러한 경우에는 굳이 책을 사러 서점을 방문할 이유는 없다. 단지 비슷한 수준의 책들이 다수 존재한다면 직접 확인해 보기 위해 서점을 방문하는 경우는 때때로 존재한다. 두 번째로는 스스로의 정체성을 형성하기 위해서다. 자기 자신에 대해 시간이 남을 때 서점가는 교양 있고 철학이 있는 사람으로 포지셔닝하고 싶은 경우인데, 이런 사람들은 그냥 서점에 잠시 서서 시간을 보내는 것만으로도 기분이 우쭐해질 수 있을 것이다. 세 번째는 그냥 서점에 가서 이곳저곳을 목적 없이 둘러보다가 문득 눈에 띄는 책과 만나기 위함이다. 그 책은 과거에 읽었던 책일 수도 있고, 좋아하는 작가의 다른 작품일 수도 있으며, 이전부터 관심을 갖고 있었던 분야의 책일 수도 있다. 가끔은 이러한 책이 나의 답답한 마음을 어루만지고, 나에게 인사이트를 제공하여 더욱 발전할 수 있는 계기를 마련하기도 한다.

도쿄 롯폰기의 분키츠 서점은 앞에서 설명한 두 번째와 세 번째 동기로 서점을 방문했던 사람들을 타겟으로 서점이라는 곳을 새로운 컨셉으로 재편한 곳이다. 쉽게 말해, 이 서점은 책을 사러 가는 곳이 아니라 책을 만나러 가는 곳이라는 컨셉으로 기존 서점의 고정관념을 완전히 깨버렸다. 일단 무려 1,500엔의 입장료를 받는다. 책을 사지 않아도 입장료는 내야 한다. 특이한 점은 책 이외에 복합문화공간이 있어 이달의 책과 관련된 워크숍이 열리고, 노트북을 활용할 수 있는 사무공간도 제공되며, 식사나 음료를 할 수 있는 공간도 제공된다. 사실 공간배치만으로 보면 작은 공유 오피스에 책과 카페가 더해진 정도로 보여질 수도 있겠다.

하지만 내막을 들여다 보면 일반 서점과 결정적인 차이가 있다. 일단 검색용 컴퓨터가 없다. 책을 사러 온 것이 아니기 때문이다. 여기에 세렌디피티의 감성을 추가했다. 우선 모든 책은 단 1권만 비치한다. 그리고 책을 꽂아두는 것이 아니라 책의 앞 표지를 볼 수 있도록 진열한다. 진열되는 책들은 일반 서점처럼 베스트셀러나 프로모션 중인 서적들을 전면 배치하지도 않는다.

서점은 입장료를 받는 대신 90명까지만 입장할 수 있도록 인원을 통제하기 때문에 혼잡도도 높지 않고, 시끄럽지 않는 쾌적한 공간을 맘껏 향유할 수가 있게 된다. 사고 싶은 책을 정해 놓고 그 책을 사러 오는 사람을 위한 서점 비즈니스는 어차피 온라인 서점과 경쟁해서 이길 수가 없기 때문에, 서점에 오는 사람들의 동기를 살펴서 그 사람들에게 맞는 새로운 가치를 만들어 낸 것이다. 서점의 이름도 분키츠(文喫), 글을 향유하는 서점이다.

혹자는 이렇게 비판할 수도 있다. 안 그래도 손님들이 오지 않는데 입장료를 매기다니 자살행위가 아니냐고 말이다. 그런데 오히려 그 반대의 결과가 나타났다. 입장료라는 비용이 이 공간을 방문하는 사람들의 수준을 높여주고, 스스로 자신도 상류층이라는 정체성을 형성하게 해 준다. 입장료에 포함된 커피나 녹차를 마시면서 편하게 책들을 둘러보는데, 일반 서점에서는 진열되기 어려운 책들과의 만남이라는 희소성을 제공한다. 오늘 서점을 가면 어떤 책과 만나 어떤 특이한 정보들과 만나게 될지 알 수 없다. 불확실한 상황에 대한 설렘과 기대가 넘친다. 한 권 한 권 책 표지를 보면서 제목과 관련된 다양한 과거의 추억들을 떠올리면서 미소 짓기도 하고, 갑자기 친구의 얼굴이 떠올라 전화를 걸어볼 수도 있을 것이다. 오늘 만난 의외의 책을 발견하고 반가운 마음에 사진으로 찍어 SNS에 "오늘 우연히 만난 책"이라는 제목으로 올린

다면 지인들이 "나도 꼭 사서 보고 싶다."며 반응할 것이다. 어느
새 문화인으로 포지셔닝된 나 자신과 만나게 되는 것이다.

직장인들의 수요가 많을텐데, 이들은 대부분 낮에는 방문하
기 어려울 것이고, 저녁에 올 가능성이 높다. 그래서 오후 7시가
넘으면 입장료가 1천엔 비싸진다. 그 정도의 경제력은 가진 계층
이기 때문이다. 직장인들은 업무를 마치고 스트레스를 잊기 위해
방문한 이곳에서 스스로의 지친 마음을 다스릴 수 있게 된다.

이런 컨셉의 서점에서 방문객들의 체류시간은 계속 늘어나
기존의 3~4시에서 5~6시간이 되었고, 이들은 머물면서 식사나
음료를 소비하게 된다. 이러한 분위기가 좋아서인지, 특히 재방문
하는 사람들이 많다고 한다. 재방문객이 많다는 것은 특별히 광고
를 하지 않아도 된다는 얘기가 된다. 마케팅 비용을 절감하는 구
조다. 실제로 서점의 수입은 입장료가 80%, 음식 10%, 책이 10%
정도라고 하는데, 앞으로 고정적으로 방문하는 고객들을 대상으
로 새로운 수익원을 무궁무진하게 만들어 낼 수 있다는 점에서
전망은 밝다고 볼 수 있다. 망해가는 서점 비즈니스에서 우연성에
주목하여 만들어 낸 새로운 비즈니스, 오히려 현대인의 허전한 빈
가슴을 채워주면서 확산될 가능성이 보이는 것 같다.

🏃 맞춤형 추천시스템에서 중시되는 세렌디피티 추천 알고리즘*

　　인공지능(AI)의 발전으로 등장한 수많은 어플리케이션(앱)은 소비자의 취향을 파악하고 이에 들어맞는 아이템들을 소개하기 시작했다. 이들은 소비자가 선호하는 카테고리 정보라던가 과거의 구매패턴, 아이템에 대한 소비자의 반응에 기반하여 아이템을 추천하도록 알고리즘을 설계하는데, 대표적인 것이 콘텐츠 기반 추천방식이다. 먼저, 판매하는 아이템의 특성을 기준으로 카테고리를 만들어 미리 분류를 해 놓고, 사용자가 입력한 프로파일 정보와 서로 매칭하는 방식이 가장 일반적이다. 또는, 사용자가 과거에 구매했거나 찜하기 등에 포함했던 이력을 통해 선호하는 아이템을 파악한 후, 해당 아이템과 가장 유사도가 높은 카테고리의 아이템을 추천하기도 한다.[93] 콘텐츠 기반 방식은 새롭게 출시된 아이템과 같이 기존 사용자들의 충분한 데이터가 없는 상황에서도 유용하게 사용할 수 있다는 장점이 있지만, 과거에 구매한 아이템이나 선호한다고 표기한 속성의 아이템만을 추천하게 된다는 일명 과도한 특수화(Over Specialization)의 문제점이 발생한다. 최근 트렌드의 변화나 추천 아이템의 다양성을 담보하지 못하게 되어 사용자의 흥미를 유발하지 못하는 것이다.

　　또 하나의 추천 기술은 협업 필터링 방식으로, 사용자의 프로파일과 비슷한 다른 사람들의 프로파일을 통해 아이템을 추천

● 이번 장은 2021년 관광레저연구에 게재된 논문 맞춤형 추천시스템에서의 세렌디피티 효과에 관한 실증연구 의 내용을 이해하기 쉽게 각색함

하는 방식이다. 특히 사용자 기반 협업 필터링은 최근 들어 가장 많이 쓰이는 추천시스템으로 골드버그 교수 연구팀에 의해 소개된 이후 아마존, 무비 파인더, 넷플릭스 등 다양한 분야에서 사용하고 있다.94 협업 필터링은 특정 아이템에 대한 선호도가 유사한 사용자 집단이 반드시 존재하며 같은 군집의 사람들은 다른 아이템에 대해서도 비슷한 선호도를 보일 것이라는 가정에 기반하고 있다. 즉 사용자가 아이템에 대해 평가한 점수와 비슷한 경향을 보이는 사용자들을 선정하고 그들이 높게 평가한 아이템 중 해당 사용자가 아직 구매하지 않은 아이템을 추천하는 것이다.95

협업 필터링 방식은 상당한 반응을 얻고 있으나, 이 방식 역시 몇 가지 문제를 갖고 있다. 맞춤형 추천을 하게 되면 결과적으로 아이템이 많아도 사용자들은 결국 인기 있는 아이템에만 관심을 보이게 되므로, 다수의 아이템이 주목을 받지 못한 채 추천을 하지 못하게 된다는 점이다. 추천시스템이 고도로 발전되면 사용자의 입맛에 맞는 정보만 제공되고 나머지 정보는 감추어지는 문제가 있는데 이것을 롱테일(long tail) 현상이라고 한다. 결국, 지나치게 예측 가능한 결과가 나오게 되면서 맞춤형 추천 자체에 대한 매력을 상실한 우려가 있다는 점이다.96

이처럼 맞춤형 추천 알고리즘에 의해 추천되는 아이템은 대부분 매력 있는 아이템보다는 정확도를 높이기 위해 안전한 선택을 하도록 유도된다. 미지에 대한 두려움을 피하고 안전한 거품 안에 머무르라는 알고리즘이기 때문이다. 정확도가 높은 즉, 잘 맞추는 앱은 정말 우리를 만족시킬까? 많은 연구에서는 맞춤형 추천이 오히려 경험의 폭과 시야를 좁게 만드는 필터 버블에 갇히도록 한다고 경고하고 있다.

삶에서 낯선 것을 접하고 선택의 불확실성을 제거하는 것은 마치 훌륭한 행복 추구 전략이라고 오인하기 쉬운데, 앞서 살펴본 것처럼, 좋은 시나리오일 경우 불확실성이 오히려 행복에 있어 중요한 요소로 작용한다는 것을 명심할 필요가 있다. 즐거운 사건인데 불확실한 경우에는 본질적으로 이해하기 어렵기 때문에 더 집중하게 되고, 고조된 감정도 그만큼 더 오래 지속되기 때문이다.

이런 이유인지 맞춤형 추천에서도 정확도보다는 의외의 아이템을 추천하여 새로움과 불확실성을 즐기게 하는 세렌디피티 추천방식이 관심을 모으고 있다. 추천한 항목의 지금까지 전혀 접해보지 못했던 아이템을 포함시켜 눈에 띄게 만드는 것이다. 세렌디피티 추천방식을 만드는 방법에는 여러 가지가 있는데, 대표적인 유전자 알고리즘을 적용하는 방식이다. 각 아이템에 대해 사용자가 평가한 점수 중 일부를 랜덤으로 조작하는 것이다. 평가점수를 유전자 구조인 이진법으로 변환시킨 뒤, 그 중의 특정 부위의 숫자를 반대의 숫자로 바꾸거나 또는 점수배열을 앞뒤로 바꾸어 변화를 주는 것이다. 그러면 본래의 성향과 20% 또는 40%만 다른 새로운 내가 만들어진다. 새롭게 만들어진 또 하나의 내가 좋아하는 아이템이 추천될 것이다. 왠지 내가 좋아하는 것이기는 한데 조금은 다른 맛이 느껴질 것이다. 이게 바로 세렌디피티 추천방식의 장점이다.

실제 이 방식을 적용하여 맞춤형 추천을 해 보니, 추천된 아이템에 대한 만족도 자체는 협업필터링 방식보다 낮게 나타났다. 아무래도 사용자의 취향과는 약간의 거리가 있기 때문에, 만족도는 낮을 수밖에 없다. 그런데, 해당 사이트에 대한 만족도에 미치는 영향을 분석해 보니 의외의 결과가 발생했다. 정확도가 높은 협업필터링 방식은 사이트 만족도에는 유의미한 영향을 미치지

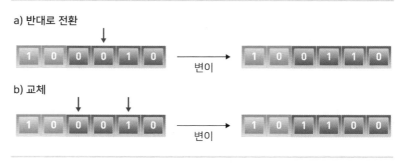

a) 반대로 전환

b) 교체

유전자 알고리즘의 조작 방식

그림 4-3

않고 있었던 반면, 세렌디피티 알고리즘에 의해 40%를 조작한 추천방식은 사이트 만족도에 통계적으로 유의미한 영향을 미치고 있었다. 다시 말해, 세렌디피티 추천에 의한 아이템에 대해서는 대부분 불만족이지만 그러다가 하나가 강렬하게 먹히게 되면, 이 사이트에 대한 만족도가 높아지는 것이다. 각각의 아이템에 만족한다는 것은 그저 예상한 수준에 근접한 아이템이라는 정도의 의미다. 그러나 강렬하게 '바로 이거야, 우와 대단해'의 수준에는 이르지 못하는 것이다. 과연 어떤 방식이 사용자의 감탄과 흥분을 자아내고 있을지 잘 알 수 있다. 또한 기대하지 않았던 불확실한 상황에서의 추천된 의외의 새로움이 얼마나 사람들을 자극하는지 시사하는 바가 큰 실험이라고 하겠다.

🚶 랜덤 길찾기(겟로스트봇)로 불확실성에 빠져보기

일부러 길을 잃어 버리게 만드는 어플이 등장했다. 참 엉뚱

하다. 통상적인 어플리케이션은 목적지를 입력하면 대부분 제일 빠른 길이나, 제일 짧은 길을 찾아 주기 마련이다. 그리고 사용자들은 어플리케이션이 추천해 준 최적의 효율적인 경로를 하나 선택하여 그 길로만 이동하곤 한다. 하지만 잘 생각해 보면 이런 생각도 든다. 다른 흥미로운 길도 많은데, 왜 그리로만 가야하지? 오히려 내가 다른 길을 갈 가능성을 없애려고 하는거지? 동시에 내가 평소에 학교와 집, 직장과 집을 오가는 동선도 이런 것은 아닌지 생각해 볼 필요가 있다.

만일 나의 모든 일상이 이런 식이라면 우리는 매일 똑같은 행동을 반복하는 기계와 다를 바가 없게 된다. 분명 다른 길도 있고 그 길에는 또 다른 가게와 종업원이 즐비한데 우리는 왜 가장 효율적인 길 하나로만 다니는 걸까. 물론 시간이 더 걸린다는 점도 있겠지만, 아마도 새롭게 모색할 길에는 그만큼 불확실성이 있기 때문이다. 가뜩이나 고민할 것도 많고 스트레스도 많은데, 예측 불가능한 영역에 신경을 더 신경 쓰고 싶지 않은 것이다. 그렇게 한 길만 걷게 되는 결과는 우리 뇌의 편안한 휴식이다. 뇌를 쓰지 않는 것이다. 앞서 언급한 대로 뇌를 쓰지 않는 것은 체내의 에너지 절약에는 좋지만 주의하지 않게 만들기 때문에 그 시간은 적어도 나의 시간이 아닌 시간이며, 기억도 잘 나지 않는 순간이었을 가능성이 높기 때문이다.

이러한 이유로 만들어진 것이 바로 겟로스트봇(Getlostbot)이다. 이 어플은 사용자들이 오랫동안 이용하던 경로를 벗어나 다른 길을 가보라고 부추긴다. 너무 뻔한 경로로만 이동하고 있다고 생각되면, 이 어플은 사용자가 지금까지 한번도 가본 적이 없는, 시도해 본 적이 없는 경로를 제안한다. 사용자로 하여금 살짝 옆길로 새거나, 길을 빙 둘러서 가거나, 잠시 다른 생각을 하면 멍때리게 하는 등 경로를 다양하게 해주는 위성 내비게이션 어플이다. 예를 들어 식당까지 걸어서 6분 거리로 간다면 지금까지 걸어본 적이 없는 새로운 길을 제시한다. 가장 빠른 길, 가장 짧은 길이 아니라 가장 모험적인 길을 제안한다. 그리고 각 지점에서 해야할 도전 과제를 제시한다. 무작위로 제시된다. 과제를 수행하는 매 순간의 우연한 만남에서 우리는 얻는 활력을 얻는다.97

✈ 베를린에서는 맥주 가격이 수시로 바뀐다?

베를린에 가면 특이한 레스토랑이 있다. 아니 레스토랑이라기 보다는 호프집에 가깝다고 할 수 있다. 우리나라에도 많이 있는 생활맥주와 비슷한 컨셉인데, 작은 잔에 종류별로 다양한 맥주가 세트로 판매되는 방식이다. 판매되는 음료는 그리 특이할 것이 없는데, 재미있는 것은 벽에 붙어있는 큰 모니터의 내용이다. 무언가 주식의 가격처럼 그래프가 실시간으로 등락을 반복하고 있으며, 뭔가 숫자가 변동하고 있다. 저게 무언가 자세히 봤더니 바로 맥주의 가격이었다.

일반 음식점에 가면 너무나 당연하게도 가격은 고정되어 있다. 그런데 이 레스토랑에서는 다르다. 물론 모든 음식이 다 그런 것은 아니고, 맥주 가격에 한해서만 그렇다. 예를 들어 350cc의 생맥주가 7,500원이라면, 주문하는 타이밍에 따라 7,450원도 되었다가 7,550원이 되기도 한다. 이게 사람들에게 재미를 제공한다. 가격에 변동을 주는 것만으로 사람들 사이에 이런 대화가 오고

갈 수 있다.

"어, 다 마셨구나. 한잔 더 할래? 여기요~"
보통은 이렇게 주문이 들어가게 되는데, 잠깐 여기서 가격을 확인해야
한다.

"어, 지금 좀 비싼데, 야 조금만 더 기다려. 떨어질 때까지…."
"야, 나를 위해서 이 정도 가격도 부담 못한다는 거야? 지금 마시고
싶다니까"
"하하, 농담이야. 시키자."

"야 지금 가격이 많이 떨어졌다. 지금 빨리 마셔. 바로 시키자."
"아직 배부른데…."
"땅 파봐라. 돈이 나오나. 빨리빨리 마셔!"
"야 돈 몇 푼에 친구도 없네 정말. 알았어. 마실게. 이것 참…."
"야, 하필 왜 내가 시킬 때만 이렇게 가격이 오르는거야."

그저 맥주를 주문하는 평범한 사건이었는데, 가격을 불확실

하게 설정했다는 사실만으로 사람들 사이에 웃음과 재미가 생겨난다. 그리고 더 주문하려는 타이밍에 마침 오르거나 내린 가격과 직면하면서 그 찰나에 감탄하고 환호한다. 우리의 삶 속에서 이 정도로 순간순간의 현상에 감탄하는 경우는 많지 않다. 우연과 불확실성이 우리의 뇌를 활성화시키고 그 순간에 주목하게 하는 것이다.

REFERENCE
참고문헌

1 Frey, B. S., Benesch, C., & Stutzer, A.(2007). Does watching TV make ushappy?. Journal of Economic Psychology, 28(3), 283 313.
  Cuado, J. & de Gracia, F. P.(2012). Does media consumption make usñhappy? evidence for Spain. Journal of Media Economics, 25(1), 8 34.

2 미하이 칙센트미하이(2004). 『몰입, Flow 미치도록 행복한 나를 만난다』, 경기: 한울.

3 미하이 칙센트미하이(2004). 『몰입, Flow 미치도록 행복한 나를 만난다』, 경기: 한울.

4 Nawijn, J. (2012). *Leisure travel and happiness: An empirical study into the effect of holiday trips on individuals' subjective well-being*. Rotterdam: Erasmus University.

5 요한 호이징아(2018). 『호모 루덴스』, 경기: 연암서가.

6 프로이트(2014). 『꿈의 해석』, Die Traumdeutung (이환 역). 서울: 돋을새김.

7 에피쿠로스(1998). 『쾌락』, Epicurus: The extant remains (오유석 역). 서울: 문학과 지성사.

8 Grinde, B. (2002). Happiness in the perspective of evolutionary psychology. Journal of Happiness Studies, 3, 331-354.

9 서은국(2014). 『행복의 기원』, 경기: 21세기북스.

10 Perez-Truglia, R. (2012). On the causes and consequences of hedonic adaptation. Journal of Economic Psychology, 33, 1182-1192.

11 미치오 카쿠(2015). 『마음의 미래』, The future of the mind (박병철 역). 경기: 김영사.

12 애덤 스미스(2016). 『도덕감정론』, (김광수 역), 경기: 한길사.

13 Rozin, P. (1999). Preadaptation and the puzzles and properties of pleasure. In Kahneman, D., Diener & Schwarz, N. (Eds.), Well-being: The foundations of hedonic psychology. NY: Russell Sage, 109-133.

14 Premack, D. (2010). Why humans are unique: Three theories. Psychological Science, 5(1), 22-32.

15 한형조(2011). 『왜 동양철학인가』. 경기: 문학동네.

16 질 들뢰즈(2001). 『스피노자의 철학』. (박기순 역). 민음사.

17 베네딕트 데 스피노자(2006). 『에티카』. Ethica in ordine geometrico demonstrata (조현진 역). 서울: 책세상.

18 프리드리히 니체(2021). 『도덕의 계보』. (박찬국 역). 서울: 아카넷.

19 쇼펜하우어(2016). 『의지의 표상으로서의 세계』. 서울: 동서문화사.

20 김교빈·이현구(2011). 『동양철학 에세이』. 경기: 동녘

21 프리드리히 니체(2021). 『도덕의 계보』. (박찬국 역). 서울: 아카넷.

22 프리드리히 니체(2004). 『차라투스트라는 이렇게 말했다』. Kritische Studienausgabe (장희창 역). 서울: 민음사.

23 Easterlin, R. A. (1974). Does economic growth improve the human lot? Some empirical evidence. In Nations and households in economic growth (pp. 89–125). Academic Press.

24 Stevenson B. Wolfers J (2008) Economic Growth and Subjective Well-Being: Reassessing the Easterlin Paradox. Brookings Paper Econ Activ 2008 (Spring):1–87.

25 Kahneman, D., & Deaton, A. (2010). High income improves evaluation of life but not emotional well-being. Proceedings of the national academy of sciences, 107(38), 16489–16493.

26 Brickman, P., & Campbell, D. (1971). Hedonic relativism and planning the good society. In Appley, M. (Ed.), Adaptation-level theory(pp. 287–305). New York: Academic Pres.

27 Helson, H. (1964). Adaptation-level theory. New York: Harper & Row.

28 Brickman, P., Coates, D., & Janoif-Bulman, R. (1978). Lottery winners and accident victims: Is happiness relative? Journal of Personality and Social Psychology, 35, 917–927.

29 Helson, H. (1964). Adaptation-level theory. New York: Harper & Row.

30 피터 우벨(2009). 『욕망의 경제학』. Free market madness: Why human nature is at odds with economics and why it matters (김태훈 역). 경기: 김영사.

31 이정길(2014). 재무론의 철학적 기초에 대한 한 비평. 『로고스경영연구』. 12(1), 61–76.

32 Frederick, S., & Loewenstein, G. (1999), Hedonic adaptation, In Kahneman, D., Diener & Schwarz, N. (Eds.), Well-being: The foundations of hedonic psychology. NY: Russell Sage, 302–329.

33 Lyubomirsky, S. (2011). Hedonic adaptation to positive and negative experiences. In Folkman, S. (Ed.), Oxford handbook of stress, health, and coping (pp. 200–224). NY: Oxford University Press.

34 서은국(2014). 『행복의 기원』. 경기: 21세기북스.

35 Robson, A. (2002). Evolution and human nature. Journal of Economic Literature, 39, 11–33.

36 Rayo, L., & Becker, G. (2007). Evolutionary efficiency and happiness. Journal of Personality and Social Psychology, 65, 45–55.

37 Perez–Truglia, R. (2012). On the causes and consequences of hedonic adaptation. Journal of Economic Psychology, 33, 1182–1192.

38 Frederick, S., & Loewenstein, G. (1999). Hedonic adaptation. In Kahneman, D., Diener & Schwarz, N. (Eds.), Well–being: The foundations of hedonic psychology. NY: Russell Sage, 302–329.

39 Frederick, S., & Loewenstein, G. (1999). Hedonic adaptation. In Kahneman, D., Diener & Schwarz, N. (Eds.), Well–being: The foundations of hedonic psychology. NY: Russell Sage, 302–329.

40 Kahneman, D., & Tversky, A. (1979). Prospect theory: An analysis of decision under risk. Econometrica, 47, 263–291.

41 Diener, E., Lucas, R., & Scollon, C. (2006). Beyond the hedonic treadmill: Revising the adaptation theory of well–being. American Psychologist, 61, 305–314.

42 Frederick, S., & Loewenstein, G. (1999). Hedonic adaptation. In Kahneman, D., Diener & Schwarz, N. (Eds.), Well–being: The foundations of hedonic psychology. NY: Russell Sage, 302–329.

43 Frederick, S., & Loewenstein, G. (1999). Hedonic adaptation. In Kahneman, D., Diener & Schwarz, N. (Eds.), Well–being: The foundations of hedonic psychology. NY: Russell Sage, 302–329.

44 Frederick, S., & Loewenstein, G. (1999). Hedonic adaptation. In Kahneman, D., Diener & Schwarz, N. (Eds.), Well–being: The foundations of hedonic psychology. NY: Russell Sage, 302–329.

45 Gardner, J. and Oswald, A.J. (2007). Money and mental wellbeing: A longitudinal study of medium–sized lottery wins. *Journal of Health Economics*, vol. 26, pp. 49–60.

46 Lyubomirsky, S., Sheldon, K. M., & Schkade, D. (2005). Pursuing happiness: The

architecture of sustainable change. Review of General Psychology, 9, 111-131.

47 소냐 류보머스키·제임 커즈(2017). 『블룸북: 행복의 정석』. (박정호, 송단비 공역). 블룸컴퍼니.

48 Parcucci, A. (1968). The relativism of absolute judgments. Scientific American, 219, 84-90.

49 Van Boven, L. & Gilovich, T. (2003). To do or to have? That is the question. Journal of Personality and Social Psychology, 85(6), 1193-1202.

50 Nicolao, L., Irwin, R., & Goodman, J. (2009). Happiness for sale: Do experiential purchases make consumers happier than material purchases? Journal of Consumer Research, 36, 188-198.

51 Sheldon, K. M., & Lyubomirsky, S. (2004). Achieving sustainable gains in happiness: Change your actions, not your circumstances. Manuscript submitted for publication.

52 Van Boven, L. (2005). Experientialism, matterialism, and the pursuit of happiness. Review of General Psychology, 9(2), 132-142.

53 Kahneman, D. (1999) Objective happiness In Kahneman, D., Diener & Schwarz, N. (Eds.), Well-Being: The foundations of hedonic psychology. NY: Russell Sage, 3-25.

54 Van Boven, L. (2005). Experientialism, matterialism, and the pursuit of happiness. Review of General Psychology, 9(2), 132-142.

55 에리히 프롬(1999). 소유냐 존재냐. (최혁순 역). 경기: 범주사.

56 Scitovsky, T. (1976). The joyless economy. New York: Oxford University Press.

57 Wilson, T., Centerbar, D., Kermer, D., & Gilbert, D. (2005). The pleasures of uncertainty: Prolonging positive moods in ways people do not anticipate. Journal of Personality and Social Psychology, 88, 5-21.

58 Wilson, T., Centerbar, D., Kermer, D., & Gilbert, D. (2005). The pleasures of uncertainty: Prolonging positive moods in ways people do not anticipate. Journal of Personality and Social Psychology, 88, 5-21.

59 Hellerman, H. R., & Schultz, W.(1998). Dopamine neurons report an error in the temporal prediction of reward during learning. Nature Neuroscience, 1, 304-309.

60 Kwon, J & Lee, H. (2020). Why travel prolongs happiness: A longitudinal examination by latent growth model. Tourism Management, 76.

61 권장욱·이훈(2016). 행복감이 오래 지속되는 여행체험 분석. 『관광연구논총』, 28(4), 171-192.

62 del Bosque, I. R., Martin, H. S., and Collado, J. (2006). The Role of expectations in the consumer satisfaction formation process: Empirical evidence in the travel agency sector. Tourism Management, 27, 410-419.

63 김영하(2019). 『여행의 이유』. 동네문학.

64 이상임(2012). 행복에 있어 우연의 문제: 아리스토텔레스와 주역의 비교적 관점을 중심으로. 유교사상문화연구, 49, 117-147.

65 김교빈·이현구(2011). 『동양철학 에세이』. 경기: 동녘.

66 한형조(2011). 『왜 동양철학인가』. 경기: 문학동네.

67 김용옥(2011). 『중용, 인간의 맛』. 서울: 통나무.

68 김용옥(2012). 『사랑하지 말자』. 서울: 통나무.

69 김형효(2004). 노자와 불교의 해체철학적 해석. 『정토학연구』, 7. 267-293.

70 서동은(2014). 쿠키 슈죠의 우연성의 존재론과 하이데거 비판. 『현대유럽철학연구』, 12. 25-53.

71 서정욱(2012). 칸트에 있어서 이성과 이념의 관계. 『동서철학연구』, 65. 95-115.

72 하이젠베르크(2015). 『부분과 전체』. Der teil und das ganze gesprache im umkreis der atomphysik (김용준 역). 경기: 지식산업사.

73 Yaqub, O. (2018). Serendipity: Towards a taxonomy and a theory. Research Policy, 47(1), 169-179.

74 Johansen, M., & Osman, M. (2015). Coincidences: A fundamental consequence of rational cognition. New Ideas in Psychology, 39, 34-44.

75 Henry, J. (1993). Coincidence experience survey. Journal of the Society for Psychical Research, 59(831), 97-108.

76 Nechita, E. (2010). Some considerations on seriality and synchronicity. Brain. Broad Research in Artificial Intelligence and Neuroscience, 1(1), 1-6.

77 Griffiths, T. L., & Tenenbaum, J. B. (2007). From mere coincidences to meaningful discoveries. Cognition, 103(1), 180-226.

78 Littlewood, J. E. (1953). A mathematician's miscellany. London: Methuen.

79 Dessalles, J. L. (2008). Coincidences and the encounter problem. In B. C. Love, K. McRae & V. M. Sloutsky (Eds.), 30th Annual Conference of the Cognitive Science Society (pp. 2134-2139). Austin, TX: Cognitive Science Society.

80 Schultz, W., Dayan, P., & Montague, P. R. (1997). A neural substrate of prediction and reward. Science, 275(5306), 1593-1599.

81 Watt, C. (1999). Psychology and coincidences. In K. Anderson (ed.) The coincidence file (pp. 229–237). London, UK: Blanford;.

82 일본판 위키피디아 검색: 九鬼 周造

83 九鬼 周造(2000). 『우연이란 무엇인가』, 偶然性の問題(김성룡 역). 서울: 이회문화사. (해당번역서 원본출판연도 1967).

84 중앙일보(2017.8.1). '우연'은 여행의 가장 좋은 친구. [여행자의 취향]. https://news.joins.com/article/21805873

85 Johansen, M., & Osman, M. (2015). Coincidences: A fundamental consequence of rational cognition. New Ideas in Psychology, 39, 34–44.

86 Williams, G. A. (2010). Demystifying meaningful coincidences (Synchronicities). Lanham, MD: Jason Aronson Publishing.

87 최인철(2018). 『굿 라이프』, 서울: 21세기북스.

88 Kahneman, D. (2000b). Experienced utility and objective happiness: A moment-based approach. In D. Kahneman & A. Tversky (Eds.), Choices, values, and frames (pp. 673–692). Cambridge: Cambridge University Press.

89 유현준(2015). 『도시는 무엇으로 사는가』, 서울: 을유문화사.

90 박정현(2006). 고객경험관리(CEM)에 주목하라. LG경제연구원.

91 장정빈(2009). 『리마커블 서비스』, 서울: 올림.

92 Kim, J., & Fesenmaier, D. R. (2014). Measuring emotions in real time: implications for tourism expeirence design. Journal of Travel Research, 54(4), 419–429.

93 Pazzani, M. J. & D. Billsus (2007). Content-based recommender systems, in P. Brusilovsky, A. Kobsa, W. Nejdl (Eds.), The Adaptive Web, 291–324.

94 Goldberg, D., D. Nichols, B. M. Oki & D. Terry (1992). Using collaborative filtering to weave an information tapestry. Communications of the ACM, 35(12), 61–70.

95 Schafer, J. B., J. A. Konstan & J. Riedl (2001). E-commerce recommendation applications. In Applications of Data Mining to Electronic Commerce, 115–153.

96 손지은·김성범·김현중·조성준(2015). 추천시스템 기법 연구동향 분석. Journal of the Korean Institute of Industrial Engineers , 41(2), 185–208.

97 마이크 뷰캐넌 외(2017). 『우연의 설계』, 서울: 반니.

[저자약력]

권장욱
- 동서대학교 관광학부 교수
- 한양대학교 관광학 박사

이훈
- 한양대학교 관광학부 교수
- 한국관광학회 회장
- 한양대 관광연구소 소장(행복여행센터 책임)
- Pennsylvania State University Leisure Studies, 관광·여가학 박사

여행 속에 숨겨진 행복의 비밀: 우연과 불확실성

초판발행   2022년 5월 3일

지은이   권장욱·이훈
펴낸이   안종만·안상준

편 집   김윤정
기획/마케팅   정성혁
표지디자인   이소연
제 작   고철민·조영환

펴낸곳   (주) **박영사**
            서울특별시 금천구 가산디지털2로 53, 210호(가산동, 한라시그마밸리)
            등록 1959. 3. 11. 제300-1959-1호(倫)

전 화   02)733-6771
f a x   02)736-4818
e-mail   pys@pybook.co.kr
homepage   www.pybook.co.kr
ISBN   979-11-303-1541-6   93300

* 파본은 구입하신 곳에서 교환해 드립니다. 본서의 무단복제행위를 금합니다.
* 저자와 협의하여 인지첨부를 생략합니다.

정 가   15,000원

이 저서는 2019년 대한민국 교육부와 한국연구재단의 지원을 받아
수행된 연구임(NRF-2019S1A5C2A02082896)
This work was supported by the Ministry of Education of the Republic of Korea
and the National Research Foundation of Korea (NRF-2019S1A5C2A02082896)